LSD

Coleção Debates
Dirigida por J. Guinsburg

Equipe de realização — Tradução: Miriam Schnaiderman; Revisão: Alberto Guzik e Geraldo Gerson de Souza; Produção: Plinio Martins Filho.

john cashman
LSD

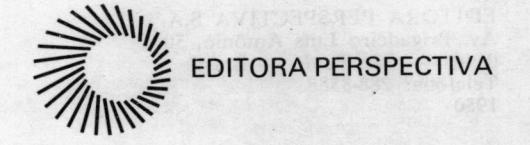

EDITORA PERSPECTIVA

Título do original:
The LSD Story

Copyright © 1966 by
FAWCETT PUBLICATIONS, INC.

2.ª ed.

EDITORA PERSPECTIVA S.A.
Av. Brigadeiro Luís Antônio, 3025
01401 — São Paulo — Brasil
Telefone: 288-8388
1980

SUMÁRIO

1. *O terceiro olho* 7
2. *Assassinos, sapos e o corpo de Deus* 19
3. *Um homem chamado Hofmann* 35
4. *Cem microgramas de LSD* 49
5. *Entram Timothy Leary e outros* 63
6. *Zen instantâneo* 81
7. *Chamando a torre de controle* 95
8. *Três visões interiores* 111
9. *As outras drogas* 127
10. *O sinal de pânico* 137
11. *Drogas, guerra e Grande Irmão* 147

1. O TERCEIRO OLHO

"...*Eu comecei a me enfiar para dentro de mim mesmo, a mergulhar em círculos através de minha própria carne. Eu turbilhonava e me enrolava e me contorcia e tentava evitar os gritos diante da glória e do terror de tudo aquilo. Então o olho apareceu, um olho imenso e brilhante, suspenso no espaço. O olho pulsava e emitia raios de uma luz abrasadora e docemente sonora, penetrando meu corpo. Mas não era meu corpo. De súbito eu era o grande olho e vi tudo o que há para ser visto. Era êxtase e era horror e eu vi tudo aquilo e compreendi tudo aquilo...*"

Essas palavras não são de um louco, mas de um estudante que se apresentou como voluntário para tomar, sob supervisão clínica, 100 microgramas da mais poderosa droga psicoquímica jamais produzida. E as palavras eram inadequadas à experiência. "Não há palavras", disse ele tentando relatar o que vira e sentira. "Vou tentar, mas realmente não há palavras..."

A substância em questão é o tartarato de *d*-dietilamida do ácido lisérgico, criada num laboratório em 1938, acidentalmente descoberta como possuidora de profundas propriedades psicoquímicas cinco anos mais tarde, objeto durante os vinte anos seguintes de sérios experimentos no campo da sanidade mental, e, finalmente, objeto de um dos mais acalorados debates da moderna história das drogas. Na linguagem abreviada de laboratório, a droga é chamada LSD. Nunca houve uma droga semelhante.

Cary Grant tomou LSD e cantou-lhe louvores. O produtor de televisão Ivan Tors tomou LSD e gostou da experiência. O falecido Aldous Huxley era louco por LSD. O autor Budd Shulberg, o filósofo Alan Watts, o poeta Robert Graves, o escritor Alan Harrington, o poeta *beat* Allen Ginsberg e uma verdadeira multidão de homens notáveis e não-tão-notáveis experimentaram LSD e não julgam que a experiência deixasse a desejar. Cultos se espalharam da noite para o dia. Jovens universitários deixaram de fazer competições para ver quem conseguia espremer mais gente nas cabinas telefônicas, nos chuveiros e nos Volkswagens, para fazer viagens através de seu próprio subconsciente. Os jornais e revistas descobriram que o LSD dava mais manchetes que o presidente Johnson. Intelectuais escreveram sobre o LSD com absoluto entusiasmo. E existem os que vêem o LSD como prenúncio do fim do mundo. Parece inexistir o meio-termo.

Nada menos que *três* subcomissões do Senado dos Estados Unidos investigaram o LSD. Ouviram especialistas dizerem que o LSD desencadeou uma crise. Ouviram especialistas dizerem que o LSD não desencadeou uma crise. Ouviram especialistas dizerem que o LSD é mau. Ouviram especialistas dizerem que o LSD é bom. Então, prosseguiram apresentando mais leis para controlar o LSD, houvesse ou não necessidade de controlá-lo.

Por que razão o LSD, uma droga ainda nova e relativamente não experimentada, causou todo esse furor? Porque o LSD tem alguns aspectos aterrorizadores. Ele pode — pode e poderá — levar pessoas emocionalmente desajustadas à beira da loucura. Supostamente, provocou suicídios. Faz coisas estranhas. Também possui um maravilhoso potencial no tratamento de doenças mentais e em outras áreas da medicina, mas ninguém fala muito sobre esses poderes. A força do mal sempre exerceu uma atração mais poderosa que a força do bem.

Uma dose mínima de LSD pode projetar um homem aos trambolhões através de sua própria mente. Menos de um quilo de droga seria suficiente para que toda a população da cidade de Nova Iorque fizesse a mesma viagem[1]. Pouco mais de 18,200 kg, divididos em doses iguais, atirariam cada homem, mulher e criança dos Estados Unidos a seu espaço interior.

Por incrível que pareça, após mais de vinte anos de experimentação e investigação clínica, ninguém sabe como e por que o LSD funciona. Eles conjeturam e tornam a conjeturar, teorizam, mas não sabem. A única certeza é de que ele funciona. Sendo os efeitos fisiológicos do LSD pouco significantes (pupilas dilatadas, perda de apetite), os únicos experimentos de alguma conseqüência são aqueles que envolvem o próprio homem. Só o homem pode tentar explicar as visões e terrores provocados pelo LSD. Os animais não são úteis. Não podem falar. Os efeitos do LSD não são mensuráveis em laboratório. Estão fora de alcance, encerrados na mente.

Dos relatos subjetivos de voluntários e pacientes, os cientistas aprenderam que o LSD causa imensas transformações na percepção. As cores são fulgurantes e freqüentemente têm sons. Os sons pulsam com intensidade e beleza inacreditável e freqüentemente têm cor. O tempo parece imobilizar-se ou mover-se a passos de tartaruga. Os pensamentos jorram e desabam uns sobre os outros. As percepções do insondável se multiplicam, o ego se dissolve. Visões aparecem, desaparecem e tornam a aparecer. As paredes parecem

---

(1) "Viagem" (*trip*) passou a designar, na gíria inglêsa, o estado em que fica uma pessoa que tomou LSD e as sensações que experimenta durante os efeitos do ácido. (N. da T.)

respirar. Objetos recuam e se aproximam. As lembranças correm pelos olhos da mente com a claridade de um filme. O interesse pelo mundo exterior diminui.

Com uma dose média de 100 microgramas, o início da experiência do LSD se dará entre trinta e quarenta e cinco minutos. O tempo de duração, com vários graus de intensidade, é de dez a quatorze horas. Já aconteceu de se prolongar por três dias. E há relatos de que a experiência pode reaparecer espontaneamente uma semana ou um mês mais tarde, sem nenhum aviso prévio e sem outra dose da droga.

Os pesquisadores do LSD estão necessariamente na dependência dos relatos subjetivos daqueles que o tomaram; assim, as palavras são *a* condição *sine qua non* da pesquisa. Infelizmente, as palavras de que dispomos não parecem estar à altura da tarefa. Os espantosos efeitos que o LSD tem sobre a mente deixam muitas pessoas incapazes de expressar suas sensações. Outros tentam o melhor que podem — estudiosos, cientistas e escritores, homens para quem a palavra é suprema. Tentam capturar as visões e falam de Deus, inferno, nirvana, terror, revelação, êxtase, temor, alegria, angústia. Na melhor das hipóteses, as palavras são imprecisas. Às vezes, as palavras são de exaltação. Outras vezes, são o lamento do temor. Outras vezes ainda, o temor e a exaltação estão entrelaçados de modo inextrincável.

Um homem senta-se estupefato durante seis horas e depois diz: "Eu vi Deus. Não desejo falar disso". Uma universitária é trazida para um hospital da Califórnia, retorcendo-se e gritando, convencida de que está mudando de pele, como uma serpente. Um psiquiatra sacode a cabeça e explica por que jamais tornará a tomar LSD: "Vi coisas que um homem nunca deveria ver". Um alcoólatra friamente deixa de beber de um dia para outro, dizendo: "Eu vi a mim mesmo e a todos os vermes, e morri, e soube que tudo era diferente". Um jovem é encontrado sob um trem, e ao ser tirado de lá afirma ter sido empurrado "por meu outro eu, o mau". Uma senhora já condenada pelo câncer sorri e diz: "Minha extinção não é de grande

importância neste momento, nem mesmo para mim...
Neste momento poderia morrer docemente".

As visões nunca são as mesmas. São tão diferentes quanto as pessoas são diferentes. Nem mesmo os habituados ao LSD sabem como vai ser a próxima experiência. Nunca é a mesma. A exaltação cede lugar ao pânico e o céu torna-se inferno, mesmo na mente mais equilibrada. O LSD em si não é bom nem mau, mas as reações mentais à droga fantástica podem ser boas ou más. E aqui jazem as sementes da controvérsia.

Uma droga experimental nunca foi tão amaldiçoada e aplaudida. Se palavras são inadequadas para a experiência da droga, palavras são mais que adequadas para atacar e defender o próprio LSD. E houve palavras — a maioria em oposição, algumas em defesa. Não solucionaram nada. Servem apenas para confundir, para amedrontar. Até o dia em que escrevi este livro, havia mais de 2 000 ensaios médicos eruditos sobre o assunto. Novos ensaios aparecem quase que mensalmente. A maioria data dos fins da década de 50, quando começou a experimentação clínica séria com a droga. O resumo dos documentos é este: o LSD *pode* ser útil em vários campos da medicina. A ciência precisa de mais tempo, mais experimentos, mais dados.

Pelo menos quatro livros de peso já foram publicados sobre o LSD, abrangendo o uso da droga dentro e fora da esfera médica. Existe mesmo um periódico consagrado às glórias da expansão da mente, que afirma ter uma circulação respeitável de 6 000 exemplares, ao preço de 2 dólares cada. Chama-se *Psychedelic Review*. Os jornais e a maioria das revistas descobriram o LSD em 1962. Em milhões de palavras e imensas manchetes em preto, trouxeram o LSD ao público, jogando pesadamente com os aspectos assustadores da droga.

Bem ou mal, o fato é que o LSD não é mais uma curiosidade de laboratório com usos clínicos possíveis, mas não provados. O LSD tornou-se o estimulante do século, o novo ópio, o Admirável Mundo Novo [2], o maior, o pior. Por razões que até hoje ninguém explicou adequadamente, o LSD tornou-se ao mesmo tempo uma panacéia e um flagelo. O LSD é adquirível — a um certo preço. É "quente". O LSD saiu do laboratório onde

(2) Alusão ao *Brave New World* ("Admirável Mundo Novo"), romance utópico de Aldous Huxley. Trad. bras. Editora Globo. (N. da T.)

ainda não era compreendido, para cair no domínio público onde é ainda menos compreendido.

Do ponto de vista clínico, a droga é inofensiva. Não vicia e não há dose letal conhecida. Numa situação sob controle médico, os efeitos da droga podem ser canalizados, suavizados e até mesmo anulados, se necessário, com poucas probabilidades de dano físico para o indivíduo. Não se pode dizer o mesmo sobre uso ilícito da droga, sem supervisão médica. Daí não decorre necessariamente que qualquer um que tome LSD sozinho ou em companhia de amigos irá transformar-se num assassino, ou suicidar-se, ou estuprar uma virgem ou será enfiado aos gritos numa camisa-de-força. Mas isso pode acontecer, e já aconteceu.

A preocupação pública com o uso ilícito ou o mercado negro do LSD não é infundada, embora haja aqueles, fora e dentro da classe médica, que acham que a preocupação natural há muito tempo já cedeu lugar ao histerismo.

Estimativas moderadas calculam em quarenta mil o número de pessoas que experimentaram o LSD, e acredita-se que aproximadamente metade deste número tenha tido mais de uma experiência, ou "viagem". Estimativas mais ousadas dão os números de cinqüenta ou cem mil. Mas, apesar da disparidade entre todas as estimativas, concorda-se que o número de pessoas que tomam LSD sem nenhum objetivo médico aumenta constantemente, se não espetacularmente.

Não há dúvida de que o LSD começou sua carreira no mercado negro, pelas mãos dos mais temerários e maduros intelectuais do país. Se foi por emoção ou para estimulação mental, eis uma questão aberta para debate. Quaisquer que sejam as razões que conduziram ao mergulho inicial no mundo interior do LSD, é absolutamente certo que os recém-convertidos à droga são atraídos, antes de mais nada, pelas emoções. Infelizmente, estes novos convertidos são, na maioria, estudantes do colegial ou ginasial e os anti-sociais desajustados de Venice e Berkeley, Califórnia, e Greenwich Village, em Nova Iorque.

O LSD nas mãos do jovem instável e inexperiente deu cabeçalhos estrondosos que acentuaram a antipatia geral do público por algo que afeta a mente de maneira tão dramática. Os casos de mau emprego da droga, as aberrações de caráter e crimes daí resultantes, apesar de pouco numerosos, são sensacionais por natureza e foram destacados pela imprensa norte-americana.

Um homem da cidade de Nova Iorque apunhalou a sogra, alegando ter ficado sob efeito de LSD por três dias. Duas crianças, uma em Nova Iorque e outra em Chicago, ingeriram LSD acidentalmente e foram prontamente internadas em hospitais, em condição considerada "crítica". Ambas se recuperaram rapidamente. Uma jovem estudante de um ginásio de Sherman Oaks, Califórnia, foi encontrada inconsciente na rua. A Polícia informou que ela havia tomado LSD.

E houve outros relatos, alguns documentados, outros não. Um estudante de Harvard se sentiu em total desamparo durante quatro dias, convencido de que tinha somente 15 centímetros de altura. Um casal de Long Island foi hospitalizado para tratamento psiquiátrico, porque o marido pensava ser Cristo e a esposa acreditava nele. E houve a mulher de Los Angeles que rasgou as vestes e correu nua pelas ruas, pedindo absolvição.

Por volta de 1966, o Governo Federal proibiu a venda e distribuição não-médica do LSD; a Food and Drug Administration advertiu cada colégio sobre o uso "insidioso e perigoso" do LSD, que aumentava nos *campus;* pelo menos três estados tinham projetos de uma legislação anti-LSD; e os órgãos responsáveis pela manutenção da ordem nas maiores cidades falaram, ou deram todo apoio a quem falasse, sobre os aspectos criminosos do uso do LSD. E, por incrível que pareça, o único produtor e distribuidor legal de LSD, para investigação clínica, a Sandoz Pharmaceuticals de Hanover, New Jersey, retirou a droga do mercado experimental, por causa da "imprevista reação do público".

Repentinamente, foi cortada a única fonte legal de LSD. Qualquer futura investigação médica com a droga estaria dificultada.

As alusões às maravilhas do LSD no tratamento de neuróticos, alcoólatras e mulheres sexualmente frígidas, no alívio de sofrimento e no combate ao medo da morte, tudo isso foi deixado de lado, apesar de nem sequer ter sido submetido a prova. O Dr. Joel Fort, diretor do Centro para Tratamento e Educação de Alcoólatras de Oakland, Califórnia, falava em nome de muitos médicos quando disse:

"Combinada com a extremada reação da Sandoz Company, a histeria artificialmente criada, gerada por certos estudos irresponsáveis e pelos exageros da imprensa, está agora desencorajando a investigação legítima e estimulando esforços políticos para colocar drogas do tipo LSD sob leis mais estritas. Parece bastante provável que nos próximos anos ocorrerão controles cada vez maiores e excessivos do legítimo uso médico e científico, relatos exagerados, aumento do uso ilícito e diminuição da pesquisa científica, apesar da percentagem relativamente pequena de vítimas de efeitos tóxicos de droga tipo LSD e da ausência de provas de ameaça à sociedade".

A atitude pública em relação ao LSD mutilou a pesquisa, mas não deteve o uso ilícito da droga. Tal como a Lei Seca fez muito pouco para cortar o uso do álcool, e as leis relativas aos narcóticos foram inadequadas quando visaram controlar o uso de heroína, a proibição do LSD não eliminou sua distribuição e uso através do mercado negro. Se fez alguma coisa — novamente, tal como a Lei Seca — foi parecer o LSD ainda mais romântico, mais contra-a-ordem-estabelecida, uma emoção maior.

Os pesquisadores, muitos dos quais apoiaram ativamente a atitude pública sobre os perigos que envolvia o uso ilícito do LSD, começaram a comentar entre si que todo o movimento anti-LSD fora muito longe. "É um pânico", dizia um. "Agora teremos de esperar até que o furor passe, se passar, antes de podermos levar a droga para o laboratório, que é, certamente, o seu lugar."

As melhores estimativas disponíveis sobre a distribuição ilegal do LSD (considerada delito grave a reincidência no uso da droga, segundo Estatuto Federal de 1966) calculam a venda anual no mercado negro em cerca de um milhão de doses, com preços que vão de 75 cents a 15 dólares por dose de 100 microgramas. Considera-se a venda ilegal do LSD em ascensão; certa quantidade vem da Europa e do México, mas a maior parte é produzida no país, em laboratórios clandestinos. Um bom químico orgânico, usando de ingredientes corretos e de uma bomba de vácuo, pode produzir uma quantidade de LSD suficiente para suprir metade do país. A relativa facilidade com que se pode manufaturar e obter LSD é uma das principais razões pelas quais a droga não interessa às organizações criminais que controlam o tráfico ilegal de droga nos Estados Unidos. Mesmo os que estão habituados a tomar LSD, não "viajam" mais do que uma ou duas vezes por semana, se tanto. Os traficantes de narcóticos podem negociar a droga como um serviço, mas o que dá dinheiro ainda é a heroína.

Contudo, enquanto houver pessoas que tomem LSD ilicitamente, em busca de emoções ou qualquer outro tipo de racionalização, haverá dificuldades. Ficou claro que o uso incontrolado da droga não é bom para os desajustados. São estes os indivíduos que correm maior risco sob o efeito do LSD. Um estudo de cinco anos, completado em 1965 no Research Center of Mental Health, da New York University, mostrou que o caráter básico de um indivíduo é intensificado sob o LSD. Trabalhando com cem voluntários, uma equipe chefiada pelo Dr. Marriet Linton Barr, chegou à conclusão de que indivíduos imaginativos com "boa opinião" sobre si mesmo tiveram "visões gloriosas" sob o efeito do LSD, enquanto que os não-intelectuais mais realistas reagiram moderadamente, e indivíduos relativamente estúpidos e passivos tornaram-se confusos e desorientados. O estudo mostrou que hipocondríacos hostis tornavam-se ainda mais irritados e sofriam mais do que usualmente. Em outras palavras, se a pessoa tem um princípio de loucura, o LSD muito provavelmente a tornará mais louca.

Entretanto, existem literalmente milhares de pessoas que já fizeram uma ou mais "viagens" de LSD e não experimentaram qualquer efeito negativo ou diminuição lateral ou posterior de qualquer de suas capacidades. Ao contrário, muitos vêem as "viagens" como as experiências mais estimulantes e significativas de sua vida. Em alguns grupos, mais especialmente nos círculos de intelectuais adultos, o uso de LSD ganhou um tom místico, e até mesmo religioso.

Timothy Leary e Richard Alpert, dois antigos membros de uma faculdade da Harvard University, que provavelmente fizeram mais do que qualquer um para levar o LSD até o público, identificaram-se com o aspecto cultual do LSD. Leary e Alpert foram expulsos da Harvard em 1963 por causa de seus experimentos com LSD e outras drogas do mesmo tipo. Ambos eram doutores, mas em Psicologia, não em Medicina. Tanto Leary como Alpert já haviam tomado LSD em numerosas ocasiões, e voltaram as costas a uma carreira bastante promissora como professores, para dedicar todo seu tempo e esforços ao campo relativo à expansão da mente.

Leary e Alpert, assim como um grupo independente estabelecido na Flórida, acham que o LSD deveria ser legalmente liberado para ser usado por grupos com intenções místicas e religiosas. Os dois grupos lutam pelo direito ao livre uso de LSD em tais condições, do mesmo modo como a Igreja Nativa Americana (índia) obteve permissão legal para usar peiote nos seus serviços religiosos. O peiote, uma espécie de cacto, contém a mescalina, uma substância natural capaz de efeitos similares ao LSD. Mas a mescalina tem a seu favor anos de tradição. O LSD não parece destinado a tornar-se um acessório religioso, pelo menos num futuro previsível.

Portanto, o LSD não é a única droga disponível capaz de expansão da consciência. Tais drogas, usualmente retiradas de uma variedade de plantas naturais, são conhecidas e usadas desde a aurora da História. Culturas primitivas na Índia, no Oriente Médio, na África e na América do Norte e do Sul freqüentemente usaram destas substâncias naturais em ritos religiosos. Marijuana é uma das substâncias vegetais mais brandas dessa categoria. São drogas esotéricas semelhantes: o pituri, o agárico-de-mosca, o caapi, o kava e o ololiúqui. Porém, as mais famosas, até o desenvolvimento do LSD, eram a mescalina e a psilocibina, um alcalóide derivado de um cogumelo "mágico" mexicano. Tanto a mescalina quanto a psilocibina, bem como as drogas naturais mais obscuras e do mesmo tipo, são capazes de fazer exatamente a mesma coisa que o LSD faz na mente humana, só que em doses muito maiores e com alguns efeitos paralelos desagradáveis, tais como náusea, dor de cabeça etc.

Enquanto grupo, tais drogas são geralmente conhecidas como alucinógenas, visto causarem transformações na percepção semelhantes a alucinações. Mas o nome é impreciso. Pessoas sob a influência do LSD ou qualquer outra das substâncias naturais têm consciência de que o que estão vendo não é real, é o efeito da droga. Por outro lado, alucinações verdadeiras são aquelas visões em que o paciente realmente acredita naquilo que está vendo. O termo, de qualquer modo, é bastante característico, e é prontamente compreendido por médicos e leigos.

Num esforço para se adequar aos efeitos reais da droga, o termo psicomimético (psicoses de mimese) tem encontrado apoio nos círculos médicos. Mas esse termo é enganador, na medida em que não diz quais as psicoses ou que os atributos que as drogas são capazes de desencadear diferem acentuadamente da psicose com que são no mais das vezes associados — a esquizofrenia. A esperança prematura de que o LSD e o psilocibin poderiam conduzir a uma violenta penetração no tratamento e compreensão da esquizofrenia, a psicose mais difundida e que mais tem resistido aos tratamentos, foi, apesar de tudo, abandonada.

Um esforço admirável para dar às drogas dilatadoras da mente uma designação genérica mais apropriada, envidou em 1957 o Dr. Humphry Osmond. Escrevendo nos Anais da Academia de Ciências de Nova Iorque, o Dr. Osmond sumarizou sua busca semântica:

"Tentei achar nome apropriado para os agentes [psicomiméticos] em discussão: um nome que incluísse os conceitos de enriquecimento da mente e alargamento da visão. Algumas das possibilidades são: psicofórico, transformador da mente; psico-hórmico, excitante da mente; e psicoplástico, moldador da mente. Psicozínico, fermentador da mente, com efeito é apropriado. Psico-réxico, explosor do espírito, apesar de difícil, é memorável. Psicolítico, libertador da mente, é satisfatório. Minha escolha recai sobre psicodélico, manifestador da mente, pois o termo é claro, eufônico e não contaminado por outras associações."

Os três termos estão em uso, não necessariamente de maneira intercambiável. O termo alucinógeno é usado, uma vez ou outra, por quase todo mundo. Mas, se alguém chama as drogas de psicomiméticas, podemos apostar que pertence à confraria médica. Se usa o termo "psicodélico", as probabilidades são de que seja um adepto do movimento pelo livre uso de LSD. E se, para denominar o LSD, usa somente o termo "ácido", provavelmente tem o hábito de tomá-lo, conhece alguém que o toma ou é um leitor do *Time* que está tentando passar por *hippy*. Nós nos referiremos ao LSD e ao resto da família como alucinógenos.

2. ASSASSINOS, SAPOS E O CORPO DE DEUS

Substâncias alucinógenas são quase tão velhas quanto o tempo. Desde o soma dos arianos invasores da Índia até os novos produtos sintéticos de laboratório, a história tem registrado centenas de drogas, naturais e artificiais, dilatadoras da mente humana. Não existe parte do mundo de vegetação variada que não possua um ou mais alucinógenos naturais. Só na América do Sul e do Norte existem mais de quarenta alucinógenos naturais que ocorrem à lembrança.

Por que, então, há tamanho barulho quanto ao LSD, apenas o mais recente de uma longa lista de alucinógenos? Principalmente, porque o LSD, mais potente, de ação mais rápida e possuidor de menos efeitos secundários que suas drogas irmãs, é fácil de produzir em grande quantidade e sua obtenção é mais generalizada. Ademais, atraiu a fantasia de certos grupos desajustados. O LSD tornou-se, pois, o tema de controvérsia pública, enquanto os outros alucinógenos mais esotéricos permanecem, de modo geral, curiosidades médicas. Em resumo, e devido a grande número de razões, os outros alucinógenos não representam grande ameaça à ordem estabelecida.

Não obstante, o acirrado debate que hoje se trava sobre o crescente uso ilícito do LSD tem suas raízes no uso de outro alucinógeno, o cacto peiote do México e Sudoeste dos Estados Unidos. O falecido Aldous Huxley, líder espiritual da presente explosão extralegal do LSD, e o Dr. Timothy Leary, o São Paulo do movimento, foram os primeiros a descobrir os confusos prazeres da expansão da mente através do peiote. Mais tarde, ambos aderiram ao LSD, como sendo a mais prática e eficaz das duas drogas.

Foi ainda Huxley quem, recorrendo à história, apresentou o soma, um alucinógeno de origem vegetal desconhecida, como uma das substâncias controladoras, em seu romance de 1932, *Admirável Mundo Novo*. Na terrificante visão do futuro, Huxley pintou um mundo de ovelhas subjugadas pelas glórias internas do soma e uma forma futurística de entretenimento pela televisão chamada *sensores,* produções em cores que o espectador podia ver, ouvir e *sentir*.

Vinte e seis anos depois, em *Volta ao Admirável Mundo Novo,* Huxley escreveu:

"O soma original, cujo nome tomei para essa droga hipotética, era uma planta desconhecida (possivelmente *Asclepias acida*) usada pelos antigos arianos invasores da Índia, num de seus ritos religiosos mais solenes. Os sacerdotes e nobres bebiam o sumo tóxico extraído das raízes dessa planta, no curso de uma elaborada cerimônia. Os hinos védicos nos contam que os bebedores de soma eram abençoados de muitas maneiras. Seus corpos eram fortalecidos, seus corações se enchiam de coragem, alegria e entusiasmo, suas mentes se iluminavam e, numa experiência imediata de vida eterna, recebiam a certeza de sua imortalidade."

O soma, também conhecido por *haoma* e *suma,* provàvelmente foi transportado da Ásia Central para a Índia e o Irã, cerca de três mil anos atrás. Era considerado a bebida dos deuses. Como é relatado no livro IX do *Rig-Veda,* o soma foi ingerido pelo deus Indra e o inspirou a criar o universo. Pouco mais se sabe sôbre a droga, exceto que era fermentada, misturada com leite ou água e filtrada com lã antes de ser bebida. O uso do soma foi por vezes restringido, e depois gradualmente substituído pela meditação na forma de ioga.

Tal como o soma, a maioria dos outros alucinógenos descobertos através da história tornaram-se os pontos centrais de cerimônias religiosas entre várias sociedades primitivas e não-tão-primitivas. Muitas das drogas deles, envolvidas em mistério e práticas mágicas, foram usadas por milhares de anos antes que fossem objetivamente examinadas como drogas. A maioria só foi reduzida aos seus componentes químicos nos fins do século XIX.

Os mais notáveis alucinógenos que emergiram da treva do ritual mágico durante a ilustração química do século XIX eram: o canabis (cânhamo, bhang, marijuana etc.), o peiote e seu alcalóide, a mescalina, e o cogumelo "mágico" mexicano e seu alcalóide, o psilocibin. Há outros alucinógenos igualmente poderosos, não tão cercados de publicidade, que foram identificados e catalogados por intrépidos botânicos que se aprofundaram nas selvas e outros confins para encontrá-los. Esse grupo inclui a bufotenina, a cooba, o iaje, o caápi e o agárico-de-mosca, entre outros. Ademais, plantas de jardim tão facilmente acessíveis quanto as sementes de primavera e estramônio revelaram-se alucinógenas quando tomadas em quantidade suficiente.

Nos últimos anos, acompanhando o desenvolvimento de laboratório do LSD, os químicos sintetizaram vários compostos com propriedades alucinógenas. Entre estes figuram substâncias que soam misteriosamente tais como o JB-329, o JB-318, o DMT, o MLD-41 e o TMA, todas abreviaturas de laboratório para um certo número de substâncias químicas interligadas, de compridos nomes.

Até onde a ciência médica pode determinar, nenhum dos alucinógenos é aditivo e somente alguns, como o agárico-de-mosca, são venenosos quando ingeridos em grande quantidade. Longe de serem aditivos, a maioria dos alucinógenos causa rapidamente um limite de tolerância que restringe seu uso a duas ou três vêzes por semana, no máximo.

O alucinógeno natural mais amplamente conhecido e usado é o cânhamo-da-índia, ou *Cannabis sativa*, que foi introduzido na Europa cerca de 1500 a. C., originário da Ásia. Hoje é conhecido através do mundo como cânhamo, canabis, bhang, haxixe, ganja, charas, marijuana, maconha e muitos outros nomes locais. É um dos alucinógenos mais suaves e controláveis, mas, em qualquer uma de suas várias formas, é capaz de causar efeitos tão estranhos quanto os produzidos pelos elementos mais poderosos da família, inclusive alucinações e explosões de total discernimento.

Canabis, ou cânhamo, era conhecido dos antigos chineses, indianos e persas, e é mencionado na literatura religiosa grega e assíria de 1000 a. C. Na religião hindu, o canabis, considerado como uma planta sagrada trazida do oceano pelo deus Siva, foi usado como adjunto à meditação religiosa. Mais tarde, nos círculos maometanos, foi considerado por algumas seitas como uma corporificação do espírito de um profeta, e, ainda mais tarde, tornou-se um Deus virtual entre algumas tribos da África Central.

Através da Idade Média, o cânhamo se estabeleceu firmemente na Índia, no Oriente Próximo e Médio e África do Norte. No século XI, o canabis tornou-se a força preponderante de uma seita xiita ismailita do norte da Pérsia, um grupo com motivações políticas que se distinguia pelo deleite com que seus membros se devotavam a assassínios brutais. O mais poderoso líder do grupo foi um homem chamado Hassan Sabá, que introduziu o canabis em seu bando de assassinos como recompensa por serviços bem feitos. O canabis, juntamente com mulheres fáceis, era fornecido antes e depois das tarefas. Isto levou os partidários fiéis de Hassan a um certo desprezo fanático por sua própria segurança e pela segurança alheia. A rapidez e o júbilo com que matavam inimigos políticos (e qualquer outro que aparecesse no caminho, inclusive uns poucos Cruzados) fizeram da seita o mais temido bando de degoladores na Pérsia e na Síria. Como foi Hassan quem difundiu o canabis, este tornou-se conhecido como haxixe, ou seja, dádiva de Hassan. E como os homens de

Hassan geralmente estavam "altos"[1] de haxixe, tornaram-se conhecidos como "os homens sob a influência do haxixe", ou em árabe, no singular, *hashshashin*. A palavra sobrevive hoje em várias formas e em várias línguas, inclusive o inglês *assassin* (ou o português *assassino*), com todas as suas desagradáveis conotações.

O haxixe foi introduzido na Europa por volta de 1800 e daí se espalhou por quase todos os cantos do globo, incluindo os Estados Unidos, via México, nos inícios da década de 1920. O canabis é uma planta resistente que cresce em estado selvagem em qualquer país de clima temperado, pelo menos durante uma parte do ano. Um estudo realizado pelas Nações Unidas há alguns anos estimava que, através do mundo todo, mais de 200 milhões de pessoas usavam o canabis. Nos Estados Unidos, acredita-se que pelo menos dez milhões de pessoas experimentaram marijuana pelo menos uma vez.

Sobre as várias intensidades possíveis na preparação do canabis, o Dr. William H. McGlothlin, perito em drogas da Rand Corporation, disse o seguinte, num artigo informativo da *Psychedelic Review*:

"Existem três tipos (de canabis) de intensidades diferentes, preparados na Índia. *Bhang* é barato, de baixa potência e usualmente ingerido em forma de bebida; *ganja* é duas ou três vezes mais forte; o mais potente é o *charas*, a resina não adulterada, obtida da planta ou da flor seca. O fumo é a forma de consumo mais comum para o *ganja* ou o *charas*. Os preparados de canabis têm inúmeros nomes diferentes em várias partes do mundo — no Marrocos é chamado *kif*, na África do Sul *dagga*, nos Estados Unidos e América Espanhola, *marijuana*. A grosso modo, sua potência corresponde ao *bhang* da Índia, embora sejam principalmente fumados, e não bebidos. O termo haxixe, quando usado corretamente, refere-se a uma forma purificada e mais forte de *charas* ou a um preparado feito a partir dele; no entanto, o termo é amplamente usado na literatura para designar qualquer forma da droga canabis. Calcula-se que a *marijuana* conseguida nos Estados Unidos tem de um quinto a um oitavo da potência da resina do *charas* da Índia."

(1) *To be high* (estar alto), gíria americana. Designa o estado em que se encontra alguém que ingeriu algum tipo de droga. (N. da T).

Cannabis sativa, assim chamada pelo botânico Linnaeus em 1753, é uma herbácea alta, e tem plantas masculinas e femininas separadas. As hastes da planta masculina são usadas para fazer a corda de cânhamo. As resinas das folhas e flores da planta feminina produzem o alucinógeno. Embora o canabis seja um verdadeiro alucinógeno, nunca foi considerado como um dos membros importantes da família das drogas. Essa distinção, embora algo arbitrária, resulta em proveito do LSD, do peiote e do chamado cogumelo "mágico" do México.

O peiote, um cacto encontrado no México e no Sudoeste dos Estados Unidos, era usado, séculos antes da conquista espanhola do México, pelos astecas e outros índios mexicanos, assim como por várias tribos de índios americanos, entre as quais os Apaches, os Kiowas e os Comanches. Tal como acontece com outros alucinógenos naturais, o peiote era parte integrante da vida religiosa e espiritual das várias culturas e tribos.

O cacto peiote (*Lopophora williamsii*) cresce na região árida que vai do norte do Rio Grande ao México Central. Os índios mexicanos e americanos cortavam as cabeças em forma de botão dessa planta baixa, que depois secavam e comiam, usualmente como parte de ritos religiosos comunais e na observância de especiais cerimônias tribais. Os conquistadores espanhóis chamavam o peiote de "dinheiro do diabo" e fizeram todo o possível para eliminar o uso difundido do alucinógeno entre os astecas e outros índios mexicanos. Os missionários cristãos que vieram depois lutaram ainda mais para eliminar o peiote dos ritos religiosos, mas seu sucesso não foi muito maior que o dos soldados espanhóis.

Hoje, a Igreja Nativa Americana, predominantemente uma igreja de índios, que conta com 250 000 membros, ainda usa o peiote como parte importante de seus ritos, embora o credo seja definitivamente cristão. Por lei, é permitido à igreja o uso do peiote e de seu alcalóide, a mescalina. Uma sentença passada em julgado, que se firmou como jurisprudência em 1964 na Califórnia, reafirmou esse direito. Por outro lado, de acordo com a legislação de narcóticos do país, a venda e distribuição do peiote e da mescalina são proibidas nos Estados Unidos, tal como a venda e distribuição de outros alucinógenos.

O peiote e seu uso nos rituais índios se difundiram pelas planícies dos Estados Unidos e no Canadá no século XIX, levados pelos apaches Mescaleros, que haviam descido ao México durante as grandes guerras índias do Sudoeste. O peiotismo dos Mescaleros, de onde surgiu o nome mescalina, foi adquirido pelos Comanches e Kiowas, entre outras tribos americanas. Como o peiotismo se tornou muito ligado ao cristianismo, as crenças religiosas entre os índios foram modificadas para nelas se introduzir a idéia de que Deus colocara alguns de seus poderes no cacto peiote, e Jesus Cristo dera a planta aos índios numa época de necessidade. Os membros da Igreja Nativa Americana, que foi formada em 1918 para lutar contra a legislação antipeiote, usualmente comem de doze a quinze botões de mescal seco num círculo comunal formado num *tepee*[2] tradicional, nas primeiras horas da noite de sábado. O resto da noite e horas da manhã de domingo são gastos em preces, cantos rituais e contemplação introspectiva. A igreja prega amor fraternal, cuidados à família, confiança em si mesmo e abstinência de álcool. Visto que mantém a crença de ser o peiote um mediador entre seus membros e Deus, a igreja não tem necessidade de ministros ou padres.

Os botânicos descobriram o peiote em 1892, depois que amostras da planta foram levadas aos laboratórios por exploradores que haviam testemunhado os rituais peiote dos índios mexicanos. O alcalóide alucinógeno da planta, a mescalina, foi isolada em 1896. Sigmund Freud, William James, Havelok Ellis e outros se interessaram pelos aspectos alucinógenos da mescalina, e nas primeiras décadas deste século houve muitas idéias, discussões e experiências com a nova droga. O aspecto mais importante da experimentação com o peiote era o possível elo entre doenças mentais e a química do corpo. Infelizmente, as técnicas de laboratório da época não estavam à altura da tarefa. A experimentação séria foi obstruída. Efeitos secundários, tais como náuseas, vertigens, dor de cabeça, dores no peito e falta de coordenação, provocados pela mescalina, também não ajudaram muito.

(2) *Tepee*, tenda dos índios norte-americanos. (N. da T.)

(As esperanças de encontrar uma "chave" química para a esquizofrenia reavivaram-se cincoenta anos mais tarde com a descoberta do LSD, apenas o bastante para serem novamente frustradas na luz fria do laboratório. Entretanto, técnicas avançadas e um conhecimento mais amplo das perturbações mentais manteriam o LSD no laboratório.)

O poder alucinógeno do peiote, se bem que de importância marginal nos laboratórios, recebeu, fora deles, uma outra vida. Nas mãos de poetas e filósofos, o peiote foi proclamado como o grande atalho no rumo da experiência mística. O já mencionado Aldous Huxley experimentou a mescalina no começo da década de 1950 e colocou seus pensamentos sobre o assunto num pequeno livro chamado *As Portas da Percepção* [3], datado de 1954. Sobre a mescalina, disse Huxley:

"A maioria dos que tomam mescalina só experimentam a parte paradisíaca da esquizofrenia. A droga só mostra o inferno e o purgatório àqueles que tiveram um caso recente de icterícia ou sofrem de depressões periódicas ou de ansiedade crônica. Se a mescalina, como outras drogas de poder remotamente comparável, fosse manifestamente tóxica, o fato de tomá-la, por si só, seria suficiente para causar ansiedade. Mas as pessoas razoavelmente sadias sabem de antemão que, tanto quanto dela depende, a mescalina é inofensiva, que seus efeitos passarão depois de oito ou dez horas, não deixando nenhuma ressaca e, conseqüentemente, nenhuma necessidade premente de renovar a dose."

Adiante, Huxley relata uma experiência sob os efeitos da mescalina:

"Confrontado a uma cadeira que parecia o Juízo Final — ou, para ser mais preciso, face a um Juízo Final, que, após um longo tempo e com bastante dificuldade, reconheci como uma cadeira — de súbito encontrei-me à beira do pânico. Isto, senti de repente, estava indo longe demais. Longe demais, ainda que essa ida penetrasse numa beleza mais intensa, num significado mais profundo. O medo, tal como o analiso retrospectivamente, era de ser subjugado, de desintegrar sob a pressão de uma realidade maior do que

(3) Lançado no Brasil pela Editora Civilização Brasileira. (N. da T.)

a que a mente acostumada a viver a maior parte do tempo num confortável mundo de símbolos poderia suportar..."

Huxley, posteriormente, referiu-se a esta experiência sob os efeitos da mescalina como "realidade última" e "simultaneamente bela e terrificante, mas sempre algo fora do humano, sempre totalmente incompreensível". E concluiu, no final do efeito da droga: "Voltei àquele estado tranqüilo, mas profundamente insatisfatório, conhecido como 'estar com a cabeça no lugar'".

O poeta beat Allen Ginsberg também tomou mescalina e escreveu em 1960, em *Birth,* sobre muitos vôos da visão, da audição e da realidade, e sobre os primeiros gostos e reações à droga:

"Éramos flores sobre rochas. Fora essa a anotação da última noite. Peiote tomado às 8:30 da manhã — gosto muito desagradável, amargo, metálico, engasguei no segundo pedaço — as entranhas amarelas. Pior parte do peiote, o ressaibo imaginário metálico & sensação de indisposição no estômago e peso do corpo quase náusea... Depois de um tempo, quando estado doentio passou — primeira coisa que notei: olhos fixados em direção a uma luz que deixa no olho um grito dourado reluzente — que escurece quando você passa a mão sobre a pálpebra do olho. Ele me fazia sentir uma espécie de organismo muito transparente... O mundo está cheio de barulhos estranhos, eu ligo a música mais estranha — estou andando em volta da casa num arremesso louco, fazendo coisas e escrevendo — preciso voltar àquela rocha — estou na mesa da cozinha agora... Estive andando por aí com uma careta de sorriso virada idiotamente para as pessoas... Peiote não é Deus — mas é uma força poderosa — posso ver, se todo mundo sintoniza, como eles organizam suas vidas uma vez por ano, comunicando-se entre si — quanta violência espiritual aquele dia — que segredos revelados..."

Houve outros relatos similares sobre os poderes do peiote, mas permaneceram, na maioria, limitados a um pequeno círculo de intelectuais. Então, em 1960, o Dr. Timothy Leary, da Harvard University, foi ao México e experimentou os botões secos de mescalina. Enviaram-no para um outro mundo, de que tem sido, desde então, o propagandista neste mundo. Sobre aquele contato inicial ele escreveu: "Fui arrastado em turbilhão através de uma experiência que poderia ser descrita em muitas metáforas extravagantes, mas que, acima de tudo e fora de dúvida, era a mais profunda experiência religiosa de minha vida".

Outro dos alucinógenos pré-colombianos é o cogumelo sagrado (*Psilocybe mexicana*) do México, que se acredita ter sido usado nas selvagens orgias durante a coroação de Montezuma como sumo-sacerdote dos Astecas, em 1502. Assim como o peiote, os cogumelos secos ou pulverizados eram usados como sacramento nas cerimônicas religiosas. Mas, diversamente dos outros alucinógenos, atribuíam-se ao cogumelo sagrado poderes divinatórios e proféticos, e era também administrado como panacéia universal.

Para os Astecas, os cogumelos sagrados eram *teonanacatl,* corpo de Deus, e havia penalidades severas, até mesmo a morte, para aqueles que gozassem das maravilhas do *teonanacatl* sem boas razões religiosas ou rituais. Contudo, com a derrocada do Império Asteca, os cogumelos sagrados passaram a ser amplamente usados para uma infinidade de propósitos, inclusive viagens particulares à mente. No século XVII, um intrépido frade espanhol, que ao lado de seus irmãos de hábito se opôs de modo inflexível ao uso dos cogumelos e enojou-se por seu nome índio, escreveu sobre índios que "têm visões, sentem uma fraqueza no coração e são levados à luxúria" quando estão sob a influência do *teonanacatl.* E, antecipando uma página dos relatos atuais sobre o LSD, observou também que havia índios que "se vêem morrendo em visões [enquanto] outros se vêem comidos por animais selvagens".

Em seu excelente livro *Drugs and the Mind,* Robert S. DeRopp escreveu sobre o cogumelo sagrado:

"*Teonanacatl* pertence ao grupo de fungos que encontra no excremento de vaca um lugar ideal de crescimento. Durante a estação das chuvas, de junho a setembro, ele brota fora do excremento, com seu topo em forma de domo sustentado por um caule longo e delgado. É prontamente recolhido pelos... índios e seco para uso futuro... Geralmente, são consumidos cerca de quinze cogumelos, grandes doses de cincoenta ou sessenta resultam em envenamento, o uso regular de grandes quantidades produz a loucura. Experimenta-se uma sensação generalizada de alegria e bem-estar logo depois de comidos os cogumelos. Esse estado de alegria é seguido de hilaridade, fala incoerente e visões fantásticas em cores brilhantes, semelhantes às produzidas pelo *peiote*. Parece que os... adivinhos pagam um preço bastante elevado pelo uso [persistente] desse cogumelo levemente venenoso. Conta-se que envelhecem rapidamente e mesmo aos trinta e cinco anos aparentam ser anciães."

As várias propriedades do *teonanacatl* foram redescobertas, em 1953, por um botânico amador Gordon Wasson numa viagem ao México, em busca de novas variedades de cogumelos. Wasson experimentou os cogumelos sagrados e divulgou seus poderes alucinógenos em uma série de artigos, um deles na revista *Life*. Depois de ter comido doze dos cogumelos, que descreveu como tendo um gosto acre e rançoso, Wasson sentou-se no escuro e viu suas próprias visões pessoais:

"Quanto às cores, eram vívidas, sempre harmoniosas. Começaram com motivos artísticos, como aqueles que poderiam decorar tapetes ou tecidos... então vi um animal mitológico puxando um coche real. Depois, foi como se os muros da nossa casa se tivessem dissolvido, e meu espírito tivesse voado para longe, e eu estava suspenso no ar vendo paisagens de montanhas, com caravanas de camelos avançando lentamente pelas encostas... As visões não eram nebulosas ou incertas. Eram nitidamente focalizadas, sendo as linhas e cores tão definidas que pareciam mais reais para mim do que qualquer coisa que eu já tivesse visto com meus olhos. Sentia que agora via perfeitamente, enquanto a visão comum nos dá perspectivas imperfeitas; estava vendo os arquétipos, as idéias platônicas, que sublinham as imagens imperfeitas da vida quotidiana. Este pensamento atravessou meu espírito: poderia o cogumelo divino ser o segredo que está por trás dos antigos Mistérios?... Essas reflexões passavam pelo meu espírito ao mesmo tempo que tinha as visões, pois o efeito dos cogumelos é provocar uma fissão do espírito, um desmembramento na pessoa, uma espécie de esquizofrenia, com o lado racional continuando a raciocinar e a observar as sensações que o outro lado está gozando."

Em meados da década de 1950, isolou-se um dos alcalóides ativos do cogumelo sagrado. Chamou-se psilocibin. Apesar do psilocibin não estar tão isento de efeitos secundários quanto o LSD, nem ser tão poderoso (o LSD é 200 vêzes mais forte), tem sido usado de modo extensivo na pesquisa, muitas vêzes de maneira permutável com o LSD. Descobriu-se que era um alucinógeno tão efetivo quanto o LSD, ainda que fôssem necessárias doses muito maiores. Foi a droga escolhida pelo Dr. Leary em seus primeiros experimentos psicodélicos e hoje é usada em investigações clínicas, sem, poderíamos acrescentar, o furor que cresceu em tôrno do uso do LSD.

Outro cogumelo merece menção. Trata-se de um cogumelo venenoso, chamado *Amanita muscaria,* ou agárico-de-môsca. É um primo próximo do *Amanita phalloides,* ou anjo-destruidor, que é quase cem por cento fatal. E o agárico-de-môsca chega a ser tão perigoso quanto aquêle. Três cogumelos podem provocar convulsões e morte. Mas, em pequenas quantidades, o agárico-de-môsca é alucinógeno. Por razões óbvias, é pouco usado em laboratório ou em outra parte. O alcalóide ativo no agárico-de-môsca é a muscarina, que já fôra isolada em 1896. A muscarina é uma substância tão complicada e tão venenosa que houve poucas informações subseqüentes à disposição dos pesquisadores.

O agárico-de-môsca tem sido empregado como alucinógeno há centenas de anos e ainda é usado por alguns povos primitivos no Nordeste e Centro da Sibéria. Sabe-se que os ferozes tártaros usavam-no, assim como algumas tribos dos antigos escandinavos. Como a muscarina não é afetada pelos rins, qualquer pessoa que beba a urina de um comedor de agárico-de--môsca sentirá todos os efeitos da droga. O escritor inglês Oliver Goldsmith escreveu em 1762 sôbre tal fato, que observou quando viajava na Ásia:

"Os de extração mais pobre, que gostam do caldo de cogumelo para se distrair tanto quanto os ricos, mas não se podem permiti-lo em primeira mão, postam-se nestas ocasiões em volta das cabanas dos ricos aguardando a oportunidade das damas e cavalheiros passarem para fora a fim de eliminar seu licor, e segurando uma tijela de madeira recolhem o delicioso fluido, muito pouco alterado pela filtragem, estando ainda fortemente impregnado pela qualidade tóxica. Disso eles bebem com satisfação extrema e, assim, ficam tão embriagados e tão joviais quanto os ricaços."

Basta de cogumelos venenosos — mas ainda temos à frente um dos clássicos ingredientes da beberagem de uma feiticeira: o próprio sapo.

A bufotenina, outro alucinógeno pouco conhecido, é extraída da pele de certos sapos. É também encontrada na cohoba, que é feita da planta leguminosa *Piptadenia peregrina*. Desde que a bufotenina perde seus podêres alucinógenos quando engolida, os nativos pré-colombianos das Índias Ocidentais e do Norte da América do Sul usavam-na em forma de pó para cheirar ou em solução líquida, como clister.

Parece conveniente fazer uma pausa neste momento, a fim de prestar uma homenagem aos homens anônimos que foram os primeiros a descobrir as plantas naturais que deveriam prover tantos outros mundos aos que vieram depois, aquêles intrépidos experimentadores que comeram a fruta proibida e morreram na tentativa ou se tornaram grandes homens da medicina. Provàvelmente a fome tem algo a ver com isto, para não falar de alguns parafusos frouxos. Mas é espantoso para a mente tentar recriar as cenas, perdidas para a história, dos momentos em que foram descobertos o agárico-de-mosca e bufotenina.

De qualquer modo, a bufotenina e suas propriedades alucinógenas foram descobertas. Nos experimentos de hoje, as inalações e clisteres cederam lugar às injeções. Depois de uma injeção de 16 miligramas de bufotenina, um voluntário relatou: "Quando começo um pensamento, um outro vem e se choca com êle, e eu não posso me expressar claramente... Sinto-me dopado, mas não sonolento. Sinto-me fisicamente tenso e mentalmente nublado. Estou aqui e não estou aqui". Não obstante, a bufotenina tem suas desvantagens. O rosto do voluntário tornou-se cor de púrpura, ele teve convulsões e vomitou antes que sua mente começasse a se expandir.

O México, que parece ter um jardim completo de alucinógenos naturais, também foi o ponto de partida do ololiúqui, uma droga geradora de visões encontrada nas sementes da ipoméia. Quimicamente, é muito parecido com o LSD, apesar de ser vinte vezes mais fraco. As propriedades alucinógenas da semente de ipoméia são conhecidas desde o século XVII, mas despertaram pouco interesse nos Estados Unidos até o advento da controvérsia sobre o LSD. Alguns anos atrás, houve uma corrida no mercado de sementes de ipoméia, logo após o aparecimento de relatórios de laboratório que declaravam conter o ololiúqui uma substância parecida com o LSD e capaz de produzir uma "experiência". Sòmente duas variedades selvagens da ipoméia, a *Rivea corymbosa* e a *Ipomoea violacea*, contêm a substância. Os grãos duros e negros são inicialmente embebidos em água, a fim de serem amolecidos e se tornarem mascáveis. Sabe-se que não são necessários mais de quinze grãos para provocar uma transformação na mente. Algumas pessoas não têm qualquer tipo de reação. Outras ficam mortalmente doentes, mas sem nenhuma visão. O Dr. Sidney Cohen, em seu penetrante livro sobre alucinógenos, *The Beyond Within*, relata o caso de um jovem que experimentou ololiúqui:

"Um jovem, depois de ter mascado diligentemente 300 das sementes negras, teve uma intensa e gloriosa experiência de oito horas. As dezesseis horas seguintes foram gastas numa dúvida considerável sobre sua capacidade de "voltar", mas ele o conseguiu. Três semanas depois, o estado de ipoméia voltou inesperadamente. Êle estava transformado e apavorado com a possibilidade de ficar louco. Os esquisitos sentimentos de estranheza, "frouxidão" e irrealidade, foram e voltaram durante uma semana. Certa manhã, acordou agitado por sentir-se de nôvo "fora dos eixos". Vestiu-se, guiou seu carro para uma colina próxima a uma velocidade aproximadamente de 160 km por hora e foi de encontro a uma casa".

O estramônio selvagem também tem propriedades alucinógenas. As vagens dessa planta, se comidas em quantidade suficiente, podem ser fatais, e o estado de coma não é raro. Em 1965, relatos sobre a difusão do uso do estramônio fizeram com que o senador estadual Robert J. Lagomarsino, pedisse ao governador Pat Brown a aprovação de uma lei antiestramônio.

Dois dos mais interessantes e novos alucinógenos naturais, que estão sendo descobertos, são o yage e o caapi, dois cozimentos de plantas da região amazônica. Ambas são extraídas de trepadeiras da selva (o iajé, da *Haemadictyon amazenicum,* e o caapi, da *Banisteria caapi*) por meio de fervura do caule das plantas. Os dois alucinógenos, considerados tão potentes quanto o LSD, se não mais, foram redescobertos em 1956. Por enquanto, pouco tem sido feito no sentido da experimentação, mas os primeiros relatos indicam que o iajé e o caapi, não apenas são capazes de expandir a mente humana, como também reduzem o homem ao ser básico, pré-histórico, que existe nele. As visões de feras e enormes serpentes são inúmeras. Um paciente viu claramente sua mãe e seu pai no ato sexual. Um outro foi engolido por uma grande serpente. Outro foi atacado por panteras. Em outro ainda cresceram asas e ele voou.

Mas, poderoso ou fraco, estranho ou comum, velho ou novo, todos os alucinógenos passaram a ocupar uma posição inferior em relação ao LSD, que iniciou sua existência em um quieto laboratório suíço, no verão de 1938.

3. UM HOMEM CHAMADO HOFMANN

A doença era lenta e insidiosa na conquista de suas vítimas. Primeiramente, uma sensação de formigamento nas extremidades, nos dedos das mãos e dos pés. Depois, um frio nas mãos e nos pés que desafiava todos os esforços para aquecê-los, seja através de massagens, seja através de pedras aquecidas em fornos abertos. E então começavam as preces a Santo Antão para que os livrasse do "fogo sagrado", que logo consumiria os dedos das mãos e dos pés, depois as mãos e os pés, tornando-os pretos, sem vida, quebradiços, até que caíssem do corpo como caem as folhas secas de uma árvore. A morte era lenta, penosa e feia.

A ira de Deus para pecados desconhecidos. Os poucos que sobreviviam se regozijavam e oravam a Santo Antão por ter intercedido em seu benefício e prosseguiam seus caminhos, gratos por estarem vivos apesar dos corpos mutilados. Foi um dos muitos flagelos da Idade Média, e sua cura era tão desconhecida quanto sua causa. O "fogo sagrado" iria espreitar furtivamente suas vítimas durante mais 600 anos, antes que os devotos de Santo Antão fizessem uma inspeção mais cuidadosa dos grãos de centeio e outros cereais empregados para fazer a farinha de pão.

O fogo de Santo Antão, nome pelo qual se tornou conhecido, era causado por uma substância vermelho-escura, que se formava principalmente nos grãos de centeio estragados. Essa substância era um fungo chamado *Claviceps purpurea,* mais conhecida como ergotina. O fogo de Santo Antão era, mais corretamente, o ergotismo, isto é, uma constrição dos capilares da extremidade do corpo, causada pelas propriedades vasoconstritoras da ergotina. Privados do suprimento do sangue, os dedos, artelhos e mesmo as mãos e os pés escureciam e definhavam, adquirindo a aparência crispada, carbonizada, de algo atingido pelo fogo. Esse estado é conhecido hoje em dia como gangrena seca.

O fogo de Santo Antão foi temido por toda a Europa até o século XIX. Surtos ocasionais isolados ocorrem ainda hoje em regiões atrasadas onde a inspeção dos grãos é relaxada. Mas, ainda que a ergotina fosse a causa do fogo de Santo Antão, também tinha propriedades benéficas que eram um pouco melhor compreendidas, tanto pelos antigos quanto pelos camponeses da Europa até os dias de hoje.

Durante séculos, as parteiras da Europa usaram a ergotina em doses diminutas para ajudar as gestantes a parir mais rapidamente e com menos dor. Apesar das centenas de anos que teriam de decorrer antes que a ciência moderna reconhecesse o fato, estas parteiras sabiam que a ergotina causava contrações ativas do útero que muito auxiliavam as mulheres nos trabalhos de parto. Usada incorretamente ou na época inadequada, a ergotina poderia matar a criança, a mãe ou ambas. Mas, em quantidade certa e na época certa, era um benefício para a gestante. Era também de certo modo benéfica para as gestantes que não queriam ser mães: enquanto a ergotina quase não tem efeito no útero não-grávido, seu poder constritor atua sobre o útero gestante quase a partir do momento da concepção. Derivados desta droga são ainda usados com este propósito no início da gestação, apesar de serem perigosos e, usualmente, falharem. Raramente são recomendados pelos médicos com finalidades abortivas. Comadres, parteiras e farmacêuticos super-solícitos geralmente são os culpados.

A primeira indicação de que a ergotina poderia afetar a mente surge bastante cedo em sua história, quando se notou que doses subtóxicas, embora consideráveis, desta droga causavam acentuada excitação nervosa, confusão mental, distração de natureza vaga e generalizada e dores de um lado da cabeça. Não havia quaisquer outras indicações iniciais de que a ergotina iria produzir a mais poderosa e surpreendente droga provocadora de transformações da mente. Mesmo quando os componentes básicos do LSD foram extraídos da ergotina, não havia nem ao menos um indício do que iria acontecer. Decorreram mais cinco anos antes que os poderes alucinógenos do LSD fossem percebidos, e isso mesmo por causa do mais simples dos acidentes.

A experimentação química com ergotina permaneceu na rabeira do exame clínico de outras drogas durante a primeira parte do século XIX. Por quê, ninguém sabe explicar. Certamente, as conhecidas propriedades da ergotina eram de tal ordem que deveriam atrair uma experimentação mais avançada. A ergotina podia matar, mutilar em certas doses, ajudar a medicina em doses menores e mesmo causar aberrações mentais em doses quase-tóxicas. E sabia-se que a droga tinha uma natureza química complexa e intrigante. Apesar disso, só em 1875 é que se extraiu o primeiro alcalóide da ergotina. Aconteceu que ele não apresentava utilidade, o que pode explicar por que nada mais foi realizado por mais trinta e cinco anos. Na primeira década deste século, um outro alcalóide foi isolado, seguido de mais dois nos dez anos seguintes. Nenhum dos três era de valor excepcional para a medicina, mas foram um começo. Não foi senão em

1935 que algo de valor se desenvolveu, a ergonovina, que, com os seus derivados, tornou-se a droga-base padrão da ergotina. A ergotina é agora usada depois do parto, para contrair o útero. A ergotamina se usa no tratamento das dores de cabeça que acompanham a enxaqueca.

O ácido lisérgico é outro dos muitos constituintes da ergotina, aparentemente presente na maioria dos alcalóides da ergotina. O ácido lisérgico foi isolado. Tornou-se parte da experimentação com os alcalóides da ergotina em escala mundial. Foi então, em 2 de maio de 1938, que algo aconteceu.

O Dr. Albert Hofmann, químico e diretor-adjunto do laboratório de pesquisas da Companhia de Produtos Químicos Sandoz, na Basiléia, Suíça, acrescentou um grupo químico dietilamida ao ácido lisérgico e formou a dietilamida do ácido lisérgico. Em alemão, Hofmann chamou-a *Lysergsäurediathylamid* que êle acabou por abreviar para LSD. E a coisa ficou nesse pé por mais cinco anos. Nem Hofmann nem qualquer de seus colegas tinha a menor idéia daquilo que fora fabricado. Trabalho posterior com a nova droga deu-lhe a sua forma final: tartarato de destro-dietilamida do ácido lisérgico-25. Esse nome indica, além da combinação química básica, que a droga desvia a luz polarizada para a direita (destro), é solúvel na água (tartarato) e foi a vigésima quinta[1] numa série de anotações experimentais. Mas, em 1938, não havia qualquer indício do potencial dessa droga. Suas propriedades especiais, se é que as tinha, também não eram indicadas. A razão era simples: Hofmann não sabia. A mais dramática e poderosa droga da mente de todos os tempos ficou no laboratório Sandoz por mais cinco anos, antes que alguém tivesse a mais remota idéia do que fora sintetizado no tranqüilo laboratório cujas janelas se abriam para o Rio Reno. E aconteceu que esse alguém foi o próprio Dr. Albert Hofmann.

Era um quente dia da primavera, 16 de abril de 1943, e Hofmann trabalhava com os vários alcalóides da ergotina, inclusive a dietilamida do ácido lisérgico.

---

(1) Há outra versão para explicar a existência do número 25 ao final da designação química do LSD. Segundo o *Dictionary of American Slang* de Harold Wentworth e Stuart Berg Fleyuer, a droga foi criada no "2º dia do 5º mês (2 de maio), daí o nome médico em código 'LSD-25'". (N. da T.)

No curso dos seus experimentos desse dia, Hofmann acidentalmente ingeriu uma quantidade mínima desta última substância. Como aconteceu, nem mesmo Hofmann sabe. No seu diário, ele relata somente que começou a sentir os efeitos de algo. Mais tarde, supôs que pudesse ter inalado um pouco da droga. Hofmann descreveu sua reação inicial em seu diário, que foi extensivamente citado por W. A. Stoll num artigo de 1947:

"Na última sexta-feira, 16 de abril, tive que interromper o meu trabalho de laboratório no meio da tarde e ir para casa, porque fôra tomado de grande inquietação e de uma ligeira tontura. Em casa, deitei-me e mergulhei num estado não desagradável de delírio, que se caracterizava por fantasias extremamente excitadas. Num estado semiconsciente, de olhos cerrados (eu sentia a luz como desagradavelmente ofuscante), fui invadido por imagens fantásticas de extraordinária realidade e com um intenso jôgo caleidoscópico de cores. Após cerca de duas horas, este estado desapareceu."

Para qualquer outra pessoa, semelhante experiência seria uma boa razão para procurar o médico mais próximo (Hofmann é doutor em Filosofia), ou mesmo um psiquiatra. Mas Hofmann, um cientista, reagiu como um cientista. Tentou apreender o que acontecera. Seu raciocínio foi o seguinte:

"A única substância não usual empregada no laboratório aquela sexta-feira foi o ácido d-lisérgico ou a dietilamida do ácido isolisérgico. Experimentei diferentes métodos de purificar ambos os isômeros por condensação e decompô-los em seus componentes. Houvera um experimento preliminar com alguns miligramas do material e eu até mesmo conseguira produzir a dietilamida do ácido lisérgico como um tartarato neutro cristalino facilmente solúvel em água. De certo, é intrigante compreender como consegui tomar uma dose suficientemente grande dessa substância para causar o efeito descrito acima. Além disso, o gênero do efeito não parece estar relacionado com os sintomas produzidos pelos grupos da ergotamina, ergotoxina ou ergonovina. Entretanto, eu desejava chegar às raízes do assunto e decidi experimentar em mim mesmo a dietilamida do ácido lisérgico cristalino. Se esta substância foi a causa do fenômeno, deve ser poderosa em doses muito pequenas, e assim, comecei com a menor porção para a qual, comparada com as proporções de ergotamina ou ergonovina, seria de esperar um efeito definido."

Ainda sem perceber a potência da droga, Hofmann tomou 250 microgramas de LSD, uma dose extremamente pequena em relação a qualquer outro padrão, mas ao menos duas vezes e meia maior que a que viria a ser a dose usual e dez vezes maior que a quantidade que hoje sabemos adequada para produzir alucinações. Hofmann não sentiu nada durante trinta minutos e então começou a sofrer ligeiras vertigens, inquietação e incapacidade de se concentrar. Havia também distorções visuais e um incontrolável desejo de rir. Hofmann escreveu:

"Aqui, as anotações do diário do laboratório terminam. As últimas palavras foram escritas somente à custa de grande esforço. Pedi ao meu assistente de laboratório que me acompanhasse até a casa, pois acreditava que os acontecimentos iriam ter o mesmo curso que as perturbações de sexta-feira. Mesmo no caminho para casa — de bicicleta — evidenciou-se que todos os sintomas eram mais intensos que da primeira vez. Eu já sentia a maior dificuldade em falar claramente e meu campo de visão ondulava e estava destorcido como a imagem num espelho curvo. Tinha também a impressão de que não me adiantava no caminho, embora meu assistente mais tarde me contasse que estávamos rodando com muita rapidez."

Quando chegou em casa, foi chamado um médico e Hofmann sentiu mais difícil a comunicação, alternando-se estados de agitação com estados de paralisia e sensação de sufocamento.

"Tanto quanto consigo me lembrar, no ápice da crise, que já havia passado quando o médico chegou, os seguintes sintomas eram fortemente acentuados: tontura e visão perturbada; os rostos das pessoas presentes pareciam máscaras coloridas; fortes distúrbios motores se alternavam com paralisia; minha cabeça, todo meu corpo e membros pareciam por vezes muito pesados, como se estivessem cheios de chumbo; câimbras nas pernas, as mãos por vezes frias e adormecidas; gosto metálico na língua; a garganta seca e contraída;

uma sensação de sufocamento; ora eu ficava desnorteado e ora estava claramente consciente da situação, de tal modo que por vezes eu ficava fora de mim como observador neutro, enquanto gritava meio louco ou balbuciava coisas ininteligíveis."

Stoll observa que o médico achou o pulso um pouco fraco mas a circulação geralmente normal. Seis horas depois de ter tomado a droga, sua condição melhorara definitivamente.

"As distorções visuais ainda eram pronunciadas. Tudo parecia flutuar e estar fora de proporção, como o reflexo num lençol de água agitado. Além do mais, tudo parecia mergulhado em mutáveis, desagradáveis e malignos tons esverdeados e azulados. De olhos cerrados, imagens coloridas, movimentadas e fantásticas invadiam-me a mente sem cessar. Era especialmente extraordinária a maneira pela qual todos os sons — por exemplo, o ruído de um carro que passava — eram transpostos em sensações visuais, de tal modo que a cada som e ruído produzia-se uma imagem colorida correspondente, mudando de forma e cor, como um caleidoscópio."

Depois de uma noite de sono, Hofmann relatou que se sentia "completamente bem, mas cansado".

Chegara o LSD. E chegara na forma espetacular de uma reação típica à droga, no Dr. Hofmann. Semelhantes reações ou experiências, ou "viagens", seriam relatadas na literatura médica e fora dela por cêrca de vinte anos, antes que o LSD se transformasse de instrumento médico experimental numa ameaça pública. A controvérsia final se basearia, em parte, no fato de que em vinte anos a ciência médica não iria encontrar uso positivo para uma das drogas mais espantosas que já fora conhecida. E não teria sido por falta de tentativas.

A descoberta do LSD como uma droga que causava aberrações mentais não era, em si, um grande momento. Como vimos, havia centenas de tais substâncias já conhecidas pelos cientistas. Algumas, particularmente a mescalina, haviam sido usadas em pesquisas de laboratório, relacionadas com a busca de fatores químicos capazes de causar psicoses, especialmente a esquizofrenia. Mas o LSD *atraiu* a atenção imediata dos cientistas devido a seu efeito poderoso sobre a mente em doses tão diminutas. Talvez o LSD, pensavam os cientistas, fosse a chave que abriria o estranho e tão mal compreendido mundo da loucura.

W. A. Stoll deu a primeira indicação de que o LSD deveria ser manuseado com cuidado. O Dr. Sanford M. Unger, do National Institute of Mental Health, escrevendo no número de maio de 1963 da revista *Psychiatry Journal for the Study of Interpersonal Processes*, relata:

"Stoll ... é muito conhecido por ter advertido informalmente de um caso de suicídio como conseqüência de um ensaio experimental. Depois disso, os relatos mais comuns mencionam uma paciente psicótica que comete o suicídio duas semanas após a aplicação da droga, ou, em outra versão, uma paciente que comete o suicídio depois que a droga lhe foi administrada sem seu conhecimento. Seja como for, apesar desta história nunca ter sido impressa, é lembrada, de uma forma ou outra, em quase todos os primeiros trabalhos com o LSD; aparentemente influenciou atitudes experimentais durante alguns anos."

Verdade ou não, a história ainda hoje é citada por aqueles que se opõem ao LSD, tanto como aviso quanto como apoio a afirmações posteriores sobre suicídios resultantes diretamente de experiências com o LSD. A verdade é que tais suicídios são extremamente raros, mesmo em situações não clínicas. Mas ficou evidenciado, desde o começo, que o LSD, em alguns pacientes e sob certas circunstâncias, pode ter um efeito deletério, esteja um doutor presente ou não.

Um dos primeiros usos do LSD foi a produção de uma "psicose-modêlo", que podia ser estudada e controlada. Isto fora tentado com a mescalina, sem muito sucesso. O entusiasmo gerado pelo LSD resultou do fato de agir ele em doses diminutas, a exemplo da toxina X que, segundo algumas teorias, seria a causa da esquizofrenia. Alguns primeiros relatos não-médicos chegaram a sugerir que o LSD *teria causado* esquizofrenia em voluntários. Mas *não* se provou que isso realmente acontecesse. O LSD, com certeza, produzia condições semelhantes à psicose, mas qualquer semelhança findava aí. Há quatro anos, um pesquisador italiano, Dr. Bruno Manzini, fez um estudo comparativo entre o LSD e a verdadeira psicose:

"Existem diferenças consideráveis entre o induzido pelo LSD e os sintomas da esquizofrenia. O autismo (inversão mental) e a dissociação característicos da esquizofrenia estão ausentes no LSD. Os distúrbios perceptivos causados pelo LSD diferem daqueles da esquizofrenia e, em regra, não são alucinações verdadeiras. Finalmente, os distúrbios de consciência que se seguem ao LSD não se parecem com os que ocorrem na esquizofrenia."

Em *The Beyond Within,* o Dr. Sidney Cohen faz estas comparações:

"Alguns estados provocados pelo LSD são similares a algumas reações agudas da esquizofrenia, mas também se apresentam importantes diferenças. Quem toma LSD conserva quase invariàvelmente o conhecimento protetor de que o que está acontecendo é devido à droga e é temporário, ao passo que o esquizofrênico agudo não pode compreender a razão pela qual tudo mudou repentinamente. Fosse o LSD administrado sem o conhecimento do paciente, a reação seria muito mais opressiva e com ansiedade manifesta. A estrutura do caráter esquizofrênico é acentuadamente inferior ao do paciente sob efeito do LSD, de tal forma que a luta daquele com o mundo desorganizado é travada de forma muito menos efetiva. Sua angústia é provàvelmente maior do que a de sua contraparte, que se tornou psicótico através do LSD. Desde que, tècnicamente, é impossível manter o estado provocado pela droga por semanas, dada a rapidez com que se atinge o limite de tolerância, não se sabe se um estado crônico provocado pelo LSD poderia tornar-se mais parecido com a esquizofrenia."

O LSD foi introduzido nos Estados Unidos em 1949 pelo Dr. Max Rinkel e seus colegas do Massachusetts Mental Health Center, em Boston. Lá também a esperança era de que a nova droga se mostrasse benéfica no tratamento da esquizofrenia. O Dr. Rinkel, naquela época, estava entusiasmado com a nova droga. "Já ficara estabelecido que as características do LSD necessárias para causar efeitos mentais anormais eram relativamente inofensivas e de pequena duração", relembra Dr. Rinkel. "Depois se ficou sabendo, através da literatura, que muitas das manifestações mentais que se seguiam à administração do LSD se revelavam similares às das psicoses endógenas. Assim, parecia existir uma oportunidade para usar LSD como um instrumento em psiquiatria, para reproduzir experimentalmente fenômenos mentais que são vistos freqüentemente no estado agudo das doenças mentais mais graves." O fato de não ter sido provado que fosse esse exatamente o caso não dissuadiu o Dr. Rinkel e seus associados de prosseguir em seus experimentos, que adiantaram os trabalhos de pesquisadores europeus num momento em que o LSD parecia correr o perigo de se tornar apenas uma curiosidade clínica.

A possibilidade de que o LSD fosse a chave para o processo esquizofrênico custou a morrer, mas morreu. Mas, apesar das diferenças óbvias entre os efeitos do LSD e os das psicoses que ocorrem naturalmente, existem semelhanças suficientes nas duas condições para justificar uma investigação posterior. E acima de tudo, entre muitas questões não respondidas situa-se com precisão a de saber como o LSD e outros alucinógenos realmente agem no corpo. Se isso puder ser estabelecido, facilitará muito um conhecimento ulterior sobre como podem ser curadas as psicoses. Mas, no momento, os cientistas estão embaraçados; têm teorias mas nada de concreto.

Uma migalha de certeza que os cientistas têm é que o LSD não se precipita para o cérebro e permanece lá, como se poderia imaginar. Em testes com o LSD radioativo, realizados na University of Rochester, Nova Iorque, mostrou-se que o LSD não se concentra no cérebro onde uns efeitos parecem ser maiores, mas no estômago, fígado e rins. Esta descoberta paradoxal deu margem a consideráveis especulações. Seriam as quantidades mínimas de LSD que alcançam o cérebro a causa de tão notáveis efeitos, ou o LSD agiria na mente indiretamente através de alguma outra substância, que produziria em combinação com outro órgão? Um pesquisador, o Dr. Humphry Osmond, canadense que trabalha nos Estados Unidos, chegou a sugerir que talvez os antigos babilônios estivessem certos ao relacionar o fígado às ações da mente. Não seria a primeira vez que a ciência moderna aprenderia com a antiga.

Como tão pouco se conhece sobre a ação do LSD depois de introduzido no corpo, os cientistas têm de se satisfazer com suposições bem comportadas. Pensam alguns que o LSD poderia perturbar o equilíbrio das enzimas do homem. Uma outra teoria sugere que o LSD e outros alucinógenos agem como "gatilhos", liberando no corpo alguma substância desconhecida, que por sua vez causaria as diversas aberrações mentais associadas aos alucinógenos. Esta teoria recebeu algum crédito devido aos estudos que mostraram que pouco, se não nenhum, LSD permanece no cérebro quando a chamada "viagem" realmente começa. Alguns acreditam que o LSD inibe a transmissão dos impulsos nervosos, neutralizando temporariamente a substância (neuro-humores) que leva impulsos de uma extremidade nervosa a outra. Isto, com efeito, inibiria o funcionamento normal de alguns nervos e modificaria padrões de pensamento, o que poderia explicar a ginástica mental causada por drogas do tipo LSD. Ainda uma outra teoria envolve o metabolismo interno do corpo, sugerindo que o LSD e outras drogas similares, quer direta quer indiretamente, agem sôbre a serotonina bioquímica, que se encontra no cérebro e sabe-se que tem uma função na estabilidade mental. Os alucinógenos, pensam alguns, podem agir como anti-serotoninos ou, combinando-se de algum modo com a serotonina, produzir alucinógenos "naturais" dentro do corpo, que, por sua vez, causariam a assustadora transformação na mente. E assim vão as teorias. Sem uma futura pesquisa extensiva, pesquisa que tem sido dificultada pela extrema reação negativa do público ao LSD, a resposta a estas questões embaraçosas e extremamente importantes nunca chegará a ser conhecida.

Qualquer que seja o juízo último sobre o LSD, a droga já encorajou aquêles que, na profissão médica, acreditam que as psicoses são causadas por algum desequilíbrio químico no corpo ou por um processo químico desconhecido, desencadeado por alguma disfunção no corpo. Como nenhuma substância química desse tipo foi descoberta, seja em indivíduos psicóticos ou em normais, tem havido muito lugar a dúvidas relativas ao produto químico em questão, variadamente referido como sendo toxina X ou substância M, podendo também ser uma substância tão mínima que seria quase impossível encontrá-la. Que uma quantidade microscópica de algo possa assolar a mente na mesma medida em que as várias psicoses o fazem, foi difícil de acreditar. Mas, com o advento do LSD, veio a prova dramática de que pelo menos um produto químico pode causar distúrbios mentais enormes em doses medidas por microgramas. Certamente não sai do domínio do possível que existem outras substâncias ainda por descobrir, com propriedades similares, se não mais poderosas.

Visto a substância não ter sido descoberta, a pesquisa continua. O mesmo Albert Hofmann que deu ao mundo o LSD continuou a sintetizar um outro alucinógeno potente, o psilocibin. Apesar do psilocibin possuir somente um duocentésimo do poder do LSD, tornou-se, juntamente com o LSD e a mescalina, uma das drogas alucinógenas mais importantes usadas na pesquisa clínica sobre as doenças mentais. Hofmann estudou com sucesso o psilocibin em meados da década de 1950, após ter recebido uma remessa dos cogumelos *teonanacatl* do México. Para provar a potência dos cogumelos, o intrépido investigador comeu trinta e dois deles e foi transportado àquele familiar mundo interior da mente, que ele havia descoberto através do LSD. Sobre a experiência escreveu:

"Trinta minutos após ter comido os cogumelos, o mundo exterior começou a passar por uma estranha transformação. Tudo assumiu um caráter mexicano. Como estava perfeitamente consciente de que o meu conhecimento relativo à origem mexicana do cogumelo me levaria a imaginar somente um cenário mexicano, tentei, propositadamente, olhar para o ambiente que me cercava como o conhecia normalmente. Mas todos os esforços voluntários para ver as coisas em suas formas e cores costumeiras mostraram-se ineficazes. Estivessem meus olhos fechados ou abertos, via somente cores e motivos mexicanos. Quando o médico que supervisionava o experimento inclinou-se sobre mim para medir minha pressão sangüínea, ele se transformou num sacerdote asteca, e eu não ficaria espantado se tivesse sacado uma faca obsidiana. Apesar da seriedade da situação, divertia-me ao ver como a face germânica de meu colega havia adquirido uma expressão puramente índia. No ápice da intoxicação, aproximadamente entre uma hora e uma hora e meia após a ingestão dos cogumelos, o ímpeto das imagens interiores, em sua maioria motivos abstratos que mudavam rapidamente de forma e cor, alcançou um grau tão alarmante que temi ser empurrado para aquele remoinho de formas e cores e me dissolver. O sonho acabou depois de cerca de seis horas. Subjetivamente não tinha idéia alguma de quanto durara este estado. Senti meu retorno à realidade quotidiana como um retorno feliz a um velho e familiar mundo, vindo de um mundo estranho, fantástico, mas realmente experimentado."

Dr. Hofmann continuou a sintetizar o psilocibin, o alucinógeno ativo do cogumelo "mágico", dando assim aos cientistas pesquisadores mais uma arma na sua guerra às doenças mentais.

Foi novamente o Dr. Hofmann quem, em 1960, estabeleceu que o ololiúqui, as sementes de ipoméia selvagem, continham os derivados do ácido lisérgico que são alucinógenos, apesar de só possuir a vigésima parte da força do LSD. A descoberta foi importante, pois documentou pela primeira vez um derivado natural do ácido lisérgico com poderes dilatadores da mente.

Já em 1960, outros investigadores sintetizaram literalmente centenas de substâncias alucinógenas em laboratório, muitas delas semelhantes ao LSD, mas sem sua notável potência. E a busca da ilusória toxina X continua. Paralelamente a esta pesquisa, existem numerosas investigações sobre a aplicação do LSD em outras áreas da medicina. Os indícios iniciais fazem presumir que o LSD *é* mais do que uma simples droga que pode imitar psicoses. Tem sido usado com sucesso em várias áreas, mas, até agora, a evidência clínica não é suficiente para estabelecer a droga como específica a qualquer condição. Contudo, os primeiros relatórios são encorajadores. Depois de uma longa carreira como curiosidade de laboratório e uma carreira pequena, mas desenfreada, como a mais nova numa longa linhagem de drogas para emoções, o LSD ainda pode emergir como uma das mais importantes drogas até hoje descobertas.

O Dr. Hofmann não lhe desejaria outro destino.

4. CEM MICROGRAMAS DE LSD

Tem sido dito que a falta de informação nunca impediu alguém de tomar uma posição firme no que quer que seja. É o caso da controvérsia em torno do LSD. A maioria dos americanos condenou o LSD como a cozedura do demônio. Por outro lado, uma pequena mas altissonante minoria proclama o LSD como o novo elixir da "ilustração". De momento, não existe informação suficiente disponível para encorajar uma ou outra das posições, mas isso não parece molestar as forças opostas, o mínimo que seja. Mas, ela *realmente* molesta cientistas que não desejam para o LSD senão que ele morra uma morte pública, agradável e calma, para voltar aos laboratórios de pesquisa. Os cientis-

49

tas, por definição, não gostam de tomar posição em nada sem tantas informações quantas sejam possíveis conseguir para lhes dar firmeza. Sendo o LSD uma droga relativamente desconhecida, preferem não participar do debate entre os não-informados e os mal-informados.

Nesse meio tempo, a investigação científica relativa ao LSD rasteja a passos lentos mas exatos, ditados pelo enorme poder e potencial da droga. A Sandoz Ltd., em cujos laboratórios o LSD foi desenvolvido, já gastou acima de 3.000.000 dólares no desenvolvimento e pesquisa da droga. Em todas as partes do mundo, centenas de pesquisadores estão tentando aplicar o LSD a qualquer número de situações médicas. Existem indicações de que o LSD se revelará útil em diversas áreas, mas, diferentemente daqueles que maldizem ou louvam uma droga fora de qualquer medida, o pesquisador sério precisa esperar até que suas proposições tenham sido experimentadas e testadas e novamente testadas, antes que possa dar a apreciação final.

Na extensa "literatura" médica sobre o LSD, existem muitos relatos de sucessos aparentes na aplicação da substância a certas situações clínicas. Existem grandes esperanças, por exemplo, de que o LSD, apesar de não ser a chave para a esquizofrenia, por tanto tempo procurada e esperada, se mostre eficaz no tratamento de alguns esquizofrênicos, especialmente crianças. A droga também está sendo testada extensivamente como auxiliar de psicoterapia, com resultados encorajadores. Registrou-se a impressionante evidência da eficácia do LSD no tratamento de alcoólatras, homossexuais e mulheres frígidas. Também existem provas cada vez mais numerosas de que o LSD é um analgésico eficaz e pode ser usado para aliviar o medo da morte, em pacientes incuráveis. Um outro uso potencial é no treino daqueles que estão se preparando para carreiras em psiquiatria e psicologia, especialmente ajudando-os a compreender o estranho trabalho do pensamento e, possivelmente, dando-lhes algum *insight* dos problemas mentais da insânia. Existe até mesmo um caso registrado em que o LSD foi clinicamente administrado a um arquiteto, para que pudesse compreender melhor a mente psicótica quando estava projetando uma nova instituição para doenças mentais. Ele continuou nesse caminho e projetou quatro dessas instituições.

Como não existe nenhum quarto pequeno e mágico para demônios na pesquisa médica, o LSD, tanto quanto outras drogas experimentais, nunca é equacionado com o bom ou o mau. Para o pesquisador, o LSD é simplesmente um outro instrumento possível com que lutar contra a doença. Isso não quer dizer que alguns daqueles que tomam a droga sob supervisão clínica não possam ter reações nocivas. Eles têm. Mas essas reações adversas são uma parte importante da pesquisa médica e são relatadas com a mesma objetividade com que o são os resultados mais positivos. Sem serem exageradas, são incluídas nas descrições gerais da droga. Reações adversas provocam as imensas manchetes em negro, enquanto que os avanços, a menos que assustadores, são geralmente minimizados, se é que chegam a ser relatados.

Tem havido más reações ao LSD tanto em situações clínicas quanto no mundo exterior do uso ilícito. Deixando de lado, por enquanto, os perigos não-clínicos inerentes ao uso ilícito do LSD, restam os vários casos de reações adversas relatadas por diferentes pesquisadores médicos.

Os Drs. Arthur L. Chandler e Mortimer A. Hartmann, de Beverly Hills, Califórnia, relataram em 1959 no *Archives of General Psychiatry* que um entre os 110 pacientes de psiquiatria que trataram com LSD cometeu suicídio. Declaram em seu relatório:

"Era uma paciente que tinha uma longa história de alcoolismo e narcóticos. Era uma depressiva e tivera, anteriormente, três autênticas tentativas de suicídio, e por isso fora hospitalizada numa instituição de saúde mental do Estado... Os psiquiatras anteriores, tanto quanto as associações dos Alcoólatras Anônimos e dos Toxicômanos Anônimos, não conseguiram ajudá-la... Na sua primeira e única sessão, ela ab--reagiu externando sentimentos de culpa e hostilidade, experimentando muito alívio e uma aparente mudança na atitude, que permitiu sessões regulares de psicoterapia na semana seguinte. No fim de semana seguinte, ela se tornou depressiva e insistiu com seu marido para que obtivesse alguma meperidina (Demorol), na qual se viciara durante algum tempo. Apesar das instruções prévias e avisos contrários, o marido não chamou o terapeuta, conforme combinado, nem advertiu os membros das associações dos Alcoólatras Anônimos ou Toxicômanos Anônimos, que se haviam prontificado a vigiá-la vinte e quatro horas por dia sempre que seu marido não pudesse atende-la de imediato. Ele ficou furioso e saiu, deixando-a só durante tôda a noite inteira. Quando voltou no dia seguinte, ela havia tomado uma dose letal de veneno."

Apesar do suicídio da mulher, os Drs. Chandler e Hartmann puderam relatar:

"Na terapia com o LSD, a maioria dos pacientes mostrou maior profundidade de terapia e maior aceleração do que a exibida nas psicoterapias anteriores, sem droga. Muitos pacientes, que não seriam aceitáveis para análise ou para qualquer outro tipo de psicoterapia profunda, foram beneficiados pela terapia com LSD".

Um outro psiquiatra, Dr. E. F. W. Baker, de Toronto, Canadá, trabalhando, há alguns anos, com 150 pacientes, relatou que dois terços dos pacientes foram ajudados, mas um relato seguinte mostrou que um paciente se suicidou duas semanas após ter tomado LSD, enquanto que quatro outros ficaram temporàriamente esquizofrênicos. Mesmo assim, o suicídio pós-LSD em todos os casos clínicos é da margem escassa de 0,1 por cento.

Existem outros relatos de reações adversas, psicoses temporárias, dissociação e reações pós-LSD que exigiram hospitalização. Mas em todos os casos relatados já havia histórias anteriores de disfunções psíquicas, fato sublinhado pela maioria dos pesquisadores para mostrar que qualquer risco no uso do LSD envolve os efeitos psicológicos e não-farmacológicos da droga. Uma distinção um tanto sutil mas importante, visto mostrar a importância da seleção prévia de pacientes para tratamento com LSD. Também aponta para um dos maiores perigos do uso do LSD no mercado negro, onde não há qualquer seleção, qualquer médico ou qualquer vigilância. A esta altura é bastante dizer que existem perigos, apesar de mínimos, na administração do LSD mesmo por especialistas treinados. Contudo, sente-se que o LSD pode ser um instrumento importante na psicoterapia. O Dr. G. R. Schmiege raciocinava da seguinte forma, em junho de 1963, no *Journal of the Medical Society of New Jersey*:

"Aquêles que estão usando o LSD em múltiplas doses, como auxiliar de psicoterapia, sentem que é tão útil por causa de sua capacidade para o seguinte: 1) ajuda a se lembrar e ab-reagir tanto às experiências traumáticas recentes quanto às da infância. 2) Aumenta a reação transferencial, pois habilita o paciente a discuti-la mais fàcilmente. 3) Ativa o inconsciente do paciente de modo a trazer à baila fenômenos emocionais e fantásticos que podem ser manipulados pelo terapeuta como sonhos. 4) Intensifica a afetividade do paciente, de modo que a intelectualização excessiva tem menor probabilidade de ocorrer. 5) Permite ao paciente ver melhor suas defesas habituais e algumas vezes permite-lhe transformá-las. Por causa dêstes efeitos, o terapeuta sente que a psicoterapia progride mais rapidamente... Alguns resultados espetaculares e quase inacreditáveis têm sido alcançados com o uso de uma dose da droga."

Um dos casos mais divulgados que envolve o uso do LSD em psicoterapia diz respeito ao ator de Hollywood, Cary Grant. Em 1960, Grant passou por mais de sessenta sessões de psicoterapia intensiva com LSD e apareceu declarando-se o "nôvo" Cary Grant. Em entrevistas amplamente citadas, Grant contou "ter nascido de nôvo" através do uso de LSD. Naquele tempo, o LSD era pouco compreendido pelo público e não o bicho-papão em que se tornou durante os últimos anos. O amplo alarde de Grant sôbre as virtudes do LSD provocou uma pequena corrida no mercado. Muitos atôres, egoístas por definição, quase arrombaram portas de psiquiatras para que fossem transportados ao mais recôndito de suas próprias mentes pelo LSD. Alguns ficaram desapontados. Alguns não gostaram do que viram sob efeito do LSD e abandonaram-no depois da primeira viagem. Outros, como Grant, foram pródigos em suas louvações ao LSD. O entusiasmo de Grant, conforme se pode constatar em matéria jornalística de 1961, assinada por Jane e Kurt Singer, era infinito:

"Em uma palavra, o que o LSD faz é libertar a mente a um grau fantástico. Você tem sonhos acordado e, algumas vêzes, alucinações sobrenaturais e maravilhosas. Mas, o que é mais importante, reduz a análise a um tempo muito curto. Para alguém como eu, que tem um desejo profundamente enraizado de compreensão e paz, o LSD é quase um milagre. Sinto agora que realmente me compreendi. Nunca o havia feito antes. E não me compreendendo, como poderia desejar compreender alguém?...

Simplesmente nasci de novo. Simplesmente passei por uma experiência psiquiátrica que me transformou completamente. Foi horrendo. Tive que encarar coisas sobre mim que nunca admiti, que não sabia estarem lá. Agora sei que feria toda mulher que amava. Eu era completamente falso, um grosso vaidoso, um sabe-tudo que sabia muito pouco.

Eu me escondia atrás de toda espécie de defesas, hipocrisias e vaidades. Tinha que me desembaraçar delas, camada por camada. No momento em que sua consciência encontra o seu subconsciente, há uma sacudidela tremenda. Você sente que toda a parte de cima de sua cabeça está sendo arrancada ... Eu tinha meu ego expelido ... Não estou mais só e sou um homem feliz. Eles me disseram que esta felicidade seria cada vez maior. Já me sinto tão feliz que não posso me limitar àquilo lá... Quando acabei meu tratamento psiquiátrico, tive duas reações imediatas. A primeira foi: "Ah, aqueles anos inúteis, por que não fiz isto mais cedo?"... Todos os dias agora são maravilhosos. Desejo poder viver outros 400 anos. Estou convencido de que viverei até uma velhice sadia, mas, se cair morto nos próximos dez anos, terei vivido meus últimos anos de um modo que a maioria das pessoas jamais imaginou."

Com um testemunho tão caloroso como este, seria espantoso se o fornecimento de LSD não passasse por uma corrida. Não há nenhum relato da reação dos psiquiatras a esta manifestação pública de entusiasmo inebriante da parte do ator conhecido e respeitável, mas pode-se supor que muitos psiquiatras se esconderam sob seus divãs até que toda a coisa morresse. O endosso de Grant ao LSD não era de maneira alguma o que os pesquisadores desejavam, quando procuravam um apoio clínico de uma droga experimental. Além do mais, Grant fora ajudado obviamente pelo LSD e, se queria lhe dar vivas o mais que pudesse, era problema seu. Pelo menos, as manchetes da imprensa eram encorajadoras em contraste com o que viria depois. Neste meio tempo, os pesquisadores clínicos persistiram em seu próprio desígnio e continuaram a experimentar o LSD como instrumento terapêutico, na calma dos escritórios e laboratórios.

O Dr. Harold A. Abramson de Nova Iorque, um dos pioneiros no uso do LSD na terapia, considera como dose terapêutica do LSD de 25 a 50 microgramas. "O paciente", diz o Dr. Abramson, "reage ao LSD-25 mais o terapeuta, não ao LSD sozinho. Talvez isso possa ser dito em relação a todas as terapias farmacológicas, mas é especialmente importante no caso do LSD. Assim, o terapeuta, não o LSD-25, tem a maior parte do papel na reação terapêutica centrada no LSD-25". Outros psicoterapeutas usam dosagens mais elevadas, 100 microgramas, algumas vezes até mesmo mais altas, dependendo do tratamento específico. O Dr. Dietrich W. Heyder, Diretor do Norfolk Mental Health Center, em Virgínia, por exemplo, relatou em outubro de 1963, em *The American Journal of Psychiatry*, que tratara de um homem que perdera o uso do braço direito depois de uma experiência traumática, ministrando-lhe doses de 300 microgramas de LSD três vezes, num período de oito dias. O homem conseguiu reaver o uso do braço.

No tratamento de alcoólatras, a dose também é, às vezes, bastante alta (até 300 microgramas), com o objetivo de causar um impacto no paciente e colocá-lo fora de seu padrão de comportamento destrutivo, de modo que possa reelaborar padrões socialmente mais aceitáveis. Os resultados têm sido promissores, mas não sem reações adversas. O tratamento de alcoólatras com LSD mostrou uma percentagem grande de sucesso em mantê-los sóbrios por longos períodos de tempo, muito mais do que qualquer outro tratamento com drogas, psicoterapia, ou atividades de um grupo de suporte, tal como os Alcoólatras Anônimos. Um estudo recente sobre o tratamento com LSD de 600 alcoólatras, no University Hospital, em Saskatoon, Canadá, mostrou que quase 200 pacientes chegaram à completa abstinência, enquanto que outros 150 mostraram um "progresso acentuado". Em contraste, o Dr. J. Ross MacLean, diretor médico do Hollywood Hospital, em New Westminster, Colúmbia Britânica, um outro pesquisador no uso do LSD contra o alcoolismo, diz que somente 5 a 10 por cento de abstinência foi alcançado por outra droga e métodos psicoterapêuticos, e que os Alcoólatras Anônimos obtêm sucesso com somente 15 a 20 por cento de seus membros.

Houve relatos de tratamento de alcoólatras com LSD numa noite de sexta-feira, tendo êles voltado a trabalhar na segunda, curados — não tomando outros *drinks* por vários anos. A Dra. Ruth Fox, diretora médica do National Council on Alcoholism, relatou numa conferência internacional sobre o uso do LSD, que se realizou em Nova Iorque em 1965, que onze de vinte entre os mais empedernidos alcoólatras deixam de beber com o tratamento de LSD, mas acentuou que a terapia com o LSD precisa ser suplementada com outros métodos de tratamento. Um ano mais tarde, a Dra. Fox relatou num encontro da Governo's Conference on Crime em Nova Iorque que, embora o tratamento com LSD fosse encorajador, não era nenhuma panacéia. Disse saber de dois alcoólatras que ficaram paranóicos depois de um tratamento com LSD e de vários outros que tiveram necessidade de hospitalização com diferentes reações psicóticas. Todavia, ela defendeu a continuação da pesquisa sobre o uso do LSD no tratamento de alcoólatras.

Algumas indicações dos efeitos traumatizantes do LSD na personalidade de um alcoólatra podem ser recolhidas da seguinte experiência com a droga, relatada por um alcoólatra de trinta e sete anos:

"Primeiramente, não senti absolutamente nada. Pensei que eles estavam zombando de mim. Depois, tudo enlouqueceu e me vi num grande campo, caçado por coisas pretas que não podia identificar. Lembro-me de que corria próximo a mim mesmo, gritando que não podia correr mais depressa. Constato agora que eram dois de mim mesmo correndo, mas no momento aquilo não me pareceu nada estranho... Havia uma tigela grande, feita de borracha ou algo parecido, e eu rolava dentro dela antes de perceber que estava morrendo. Sei que gritava e vi a luz brilhante no fundo da tigela, e percebi de algum modo que se me deixasse cair na luz, morreria... Caí, na luz que na realidade era uma larga abertura... Sabia que tinha renascido. Comecei a rir histèricamente... Isso é tudo, você sabe. Quero dizer, morrendo. É o que estive tentando fazer todos estes anos. Agora eu o fiz."

Escrevendo no *Playboy* em 1963, o romancista Alan Harrington relatou sobre sua viagem de LSD, morte, renascimento e *insights* do ego:

"Por que foi a experiência tão gratificante? Por causa de uma coisa: a excursão através do inferno do ego foi como uma rápida psicanálise. A ascensão subseqüente proporcionou a um ateu aquilo que pode ser descrito como uma visão religiosa ou de algum modo metafísica, e isso não me ofuscou. Para alguém que pràticamente nunca havia pensado em têrmos de lótus, reencarnação, estágios de existência etc. e alguém que durante anos irritou-se com o entusiasmo pela filosofia oriental, a viagem provocada pelo LSD evidenciou neste alguém recordações de morte e renascimento. Ele tornou possível uma visão de eternidade..."

Duas outras áreas que foram investigadas por vários psiquiatras com alguns resultados promissores são as do homossexualismo e da frigidez na mulher. O já mencionado Dr. MacLean, trabalhando com homossexuais na Colúmbia Britânica, apresentou resultados tentadores que poderão tornar satisfatória uma ulterior pesquisa nesta área. Além disso, pelo menos dois americanos conhecidos, um dêles poeta, o outro ator, declararam categoricamente que o LSD lhes deu a liberdade de se envolverem pela primeira vez em sua vida em relações heterossexuais. O uso do LSD no tratamento de mulheres frígidas foi proposto num estudo pelos Drs. Thomas M. Ling e John Buckman, psiquiatra consultor e encarregado de pesquisas, respectivamente, no Marlborough Day Hospital, Londres, Inglaterra. Num artigo na *Psychedelic Review,* Dr. Ling e Dr. Buckman disseram:

"Havendo boa motivação, inteligência superior, uma personalidade razoavelmente estável e um esposo potente e cooperador, a psicoterapia com o LSD pode ajudar (mulheres frígidas) por meio do restabelecimento das primeiras fantasias sexuais e experiências traumáticas, responsáveis pela formação do sintoma... Dezesseis casos foram tratados dessa maneira e com sucesso..."

Um caso citado pelos Drs. Ling e Buckman dizia respeito a uma mulher casada, de 33 anos, com dois filhos. Queixava-se de uma falta de desejo sexual, apesar de, segundo dizia, amar seu marido. Em seis sessões, no decorrer das quais lhe foram dadas de 50 a 80 microgramas de LSD em combinação com um tranqüilizante, a mulher trouxe à tona memórias reprimidas do desinteresse de seu pai em relação a ela e de um ataque sexual feito por seu jovem tio. Depois da última sessão, contou aos doutores:

"Quando estava sob o efeito da droga, sentia que estava procurando um ideal — a primeira vez que fiquei sexualmente excitada, e o homem que fez isto era uma espécie de deus para mim. Em seguida, as coisas ficaram obscuras... Lembrei-me com toda clareza de que havia gostado quando meu tio manipulava meus órgãos sexuais. O prazer teve um fim repentino quando êle tentou violar-me. Lembro-me de ter sentido um golpe na área da minha vagina e uma sensação de violência, mas êle não pôde me penetrar realmente. Aí finda a reminiscência. Não posso me lembrar qual foi o resultado de tudo isso..."

Seis semanas mais tarde, ela acrescentou o seguinte:

"Depois do último tratamento, tive minha primeira relação com orgasmo completo internamente, o que foi uma experiência totalmente nova e sensacional. Minha vida sexual é agora completamente diferente e consigo extrair sensações maravilhosas da maioria das ocasiões. O casamento agora é muito melhor, mas acredito que ainda há lugar para progressos, para que eu sinta o êxtase completo em todas as ocasiões".

Mais pesquisa é necessária, antes que o LSD possa ser apontado como uma ajuda possível no tratamento de mulheres frígidas, mas essas primeiras indicações são importantes, especialmente nesta área particular onde o tratamento, até agora, tem sido desencorajador. A importância é mais enfatizada por estimativas médicas qualificadas, de que 40 por cento das mulheres americanas sofrem de frigidez em algum grau.

Outra área importante de pesquisa clínica é o uso do LSD em doenças mentais infantis. Embora o LSD tenha-se mostrado de pequeno valor no caso de adultos, há evidência crescente de que não é o caso com crianças psicóticas. Numa série de estudos no Creedmore State Hospital, Long Island, Nova Iorque, as Dras. Lauretta Bender e Gloria Faretra viram que o LSD provocava um progresso no comportamento de crianças autísticas esquizofrênicas (aquelas que mostram pouco ou nenhum relacionamento com seu ambiente) e num grupo de crianças esquizofrênicas. Num relatório à American Psychiatric Association, há dois anos, as Dras. Faretra e Bender disseram que as crianças mostraram mudanças nas respostas ao ambiente, expressões faciais mais alertas e alguns esforços em relacionar-se com outras. Disseram que os movimentos desordenados da cabeça diminuíram, foi tentada maior comunicação, e os hábitos de comer e dormir melhoraram. Expressaram esperanças de que o uso do LSD e outros alucinógenos levaria a *insights* específicos em relação aos mecanismos das doenças mentais infantis e seu tratamento.

Uma das mais espantosas descobertas na investigação clínica do LSD é o possível uso da droga como analgésico e aliviador do mêdo da morte em pacientes cuja sobrevivência é difícil. Estudos orientados pelo Dr. Eric Kast no Cook County Hospital, Illinois, mostraram que o LSD é um analgésico mais eficiente do que os habitualmente empregados. Sob o efeito de 100 microgramas de LSD, relata o Dr. Kast, os pacientes experimentaram maior alívio da dor, tanto em grau quanto em duração, do que com outros analgésicos. O alívio da dor durou até treze *dias* com LSD, enquanto que os outros analgésicos tinham que ser readministrados a cada duas ou três horas. O Dr. Kast relata que, sob a influência do LSD, os pacientes mostraram um desligamento incomum de sua condição física. Muitos, conta, quando perguntados sobre se ainda sentiam dor, responderam que sim, mas que isto *não era importante*.

Ainda mais espantoso, embora a pesquisa ainda não permita conclusões, é o efeito que o LSD parece ter em pessoas que estão morrendo e o sabem. O Dr. Sidney Cohen, escrevendo no *Harper's* de setembro de 1965, afirmou com reservas que o "LSD pode um dia fornecer uma técnica para alterar a experiência de morrer". Apoiando sua afirmação, o Dr. Cohen citou o caso de Irene, mulher de 45 anos que estava morrendo lentamente de câncer no reto. Escreveu:

"Agora ele se espalhara para além do estágio de qualquer esperança cirúrgica. Seu fígado e ossos haviam sido atingidos. Não havia nada que pudesse ser feito, a não ser mantê-la sem dor. Mas, apesar das grandes doses de narcóticos e sedativos, ela continuava agitada e chorosa quando acordada, gemendo e tossindo em seu sono provocado por drogas... Sugeriu-se o LSD com alguma hesitação, pois tinha sido dado somente a uma pessoa em situação similar... No caso de Irene, desejávamos que uma partícula da misteriosa droga permitisse que ela se aceitasse sofrendo e aceitasse a morte que estava para vir".

O LSD foi administrado e a um certo momento Irene disse:

"Posso morrer agora, calmamente, sem queixas — como aqueles primeiros cristãos na arena que devem ter visto os leões comendo suas entranhas. Lembrarei tudo isto? E quanto à dor? Suponho que, em relação a ela, voltarei a ser uma chata. Está bem, neste momento a dor se transformou. Sei que, quando eu me contraía aqui ontem, tinha uma dor insuportável. Não podia sequer suportar o peso de um cobertor. Agora eu me contraio — dói—dói, certo — mas não se faz sentir como tão terrível. Isto me acostumou à dor violenta e me faz rogar por uma outra dose."

O Dr. Cohen conclui: "Durante as três semanas seguintes, esteve acentuadamente mais relaxada. Havia uma certa tranquilidade à sua volta. Ocasionalmente, precisava de narcóticos. Então morreu".

Têm sido feitos experimentos envolvendo animais e LSD, mas visto as reações subjetivas serem tão importantes na pesquisa do LSD, a experimentação extensiva com animais, que usualmente acompanha uma nova droga, neste caso tem sido limitada. Contudo, experimentos com animais têm sido realizados em menor grau. Nesses experimentos, mudança nos hábitos foram notadas em aranhas (fiam teias mais cuidadas), no peixe lutador siamês (deixam de brigar tanto) e em carpas (nadam para a superfície da água, em vez de ficar no fundo). Mas o objeto mais importante da pesquisa com o LSD é o homem. Os animais não falam, e este é o único modo pelo qual os pesquisadores podem descobrir o que aconteceu com a mente sob efeito do LSD. No entanto, houve uma experiência com um elefante que é digna de nota, apesar de trágica. Tendo como objetivo estimular uma síndrome do elefante conhecida com *musth,* uma forma de loucura ocasional que ataca às vezes elefantes machos sadios, três pesquisadores deram uma dose maciça de LSD a um elefante de quatorze anos chamado Tusko, do Lincoln Park Zoo, em Oklahama City. Depois de uma injeção intramuscular de 297 miligramas de LSD, Tusko cambaleou por um momento, depois soçobrou, morrendo uma hora e quarenta minutos depois da injeção. Tusko é o único caso conhecido de morte diretamente atribuída à administração de uma dose de LSD.

E, assim, a pesquisa com o LSD continua. Pode ser que decorram anos antes que qualquer coisa de positivo venha à luz ou que ao LSD seja atribuído um uso específico para alguma doença particular. Até então, o LSD permanecerá uma arma potencialmente útil, mas uma arma que ainda deve passar por provas, sob o olhar crítico da investigação clínica.

5. ENTRAM TIMOTHY LEARY E OUTROS

Era agosto de 1960, e fazia um calor opressivo em Cuernavaca, México. O Dr. Timothy Leary, professor de psicologia da Harvard University, trinta e nove anos de idade, repousava ao lado de uma piscina, na vila de um amigo nos arredores da cidade. No começo da semana, haviam falado sobre as fantásticas aberrações mentais causadas por um cogumelo nativo. A pedido de Leary, alguns cogumelos foram adquiridos. Um tipo aventuroso, com um profundo interesse de psicólogo por qualquer coisa que tivesse o poder de afetar a mente, Leary, ainda em trajes de banho, entrou num quarto e comeu sete cogumelos. No curso das várias horas seguintes, Leary, ex-católico convertido ao hinduísmo, se afundou em sua própria mente e atirou-se para seu futuro de ponta-cabeça.

Alguns anos mais tarde, Leary deveria contar sobre essa primeira experiência:

"Constatei que havia morrido, que eu, Timothy Leary, o valente Timothy Leary, partira. Podia olhar para trás e ver meu corpo na cama. Revivi minha vida e voltei a experimentar muitos acontecimentos que havia esquecido. Mais do que isso, voltei para trás no tempo, em um sentido evolucionário, até onde eu estava consciente de ser um organismo unicelular. Todas essas coisas estavam além de minha mente... A descoberta de que o cérebro humano possui uma infinidade de potencialidades e pode operar em dimensões de espaço e tempo inusitadas, deixou-me alegre, apavorado e totalmente convencido de que havia acordado de um longo sono ontológico. Uma experiência profunda, transcendente, deveria deixar em sua esteira um homem mudado e uma vida mudada. A partir de minha iluminação... tenho devotado a maior parte de minhas energias à tentativa de compreender as potencialidades reveladoras do sistema nervoso humano e tornar esses *insights* possíveis aos outros."

Leary fez isso e muito mais. Tornou-se um fanático. A expansão da mente passou a ser sua vida. Primeiro através do psilocibin e depois através do LSD, Leary reviveu sua "experiência profunda e transcendente" mais de 300 vezes nos seis anos seguintes, reafirmando a cada vez sua convicção inicial de que nela havia mais verdade e iluminação do que um homem pode alcançar numa vida sem drogas. Meio camelô, meio santo, Leary reuniu adeptos em tôrno de sua causa e audaciosamente levou sua mensagem à praça pública. Quase sozinho, Leary transformou o LSD de curiosidade médica na droga mais controvertida desde o advento do ópio.

A dedicação de Leary custou-lhe caro. Durante dois anos foi tolerado. Depois, começaram a cair as pauladas sobre sua cabeça, e a cair duramente. Durante os últimos quatro anos, foi expulso da Harvard University, preso duas vezes por posse de alucinógenos (marijuana em ambos os casos), fugiu de Boston e do México, atacado de vários púlpitos, agredido verbalmente por médicos profissionais, vilipendiado pela imprensa. Mas, bem estranhamente, quanto mais Leary era atacado, tanto mais ganhava adeptos. LSD tornou-se uma palavra familiar. O LSD tornou-se uma ameaça pública. O público e os políticos, sem qualquer compreensão e menos discernimento ainda, transformaram Leary e seus seguidores em mártires e o LSD, no fruto proibido. Um milhão de pequenas idiotices construíram um clima de pânico que tirou Leary e o LSD do anonimato. O que começara como um inocente experimento em Cuernavaca transformara-se num monstro místico que não iria morrer. E Timothy Leary era seu Dr. Frankenstein.

Quem é Timothy Leary? Como aconteceu tudo isso?

Leary nasceu em Springfield, Massachusetts, em 1920, único filho de pais católicos irlandeses. Seu pai era dentista, e Leary cresceu num meio da alta classe média. Aparentemente, teve uma infância normal e graduou-se no ginásio com intenção de se tornar soldado profissional. Foi indicado para West Point, mas abandonou o curso no primeiro ano, quando percebeu que não havia sido talhado para a vida de cadete. Foi convocado para o exército durante a Segunda Guerra Mundial, mas nunca chegou a atravessar o oceano. Um acidente com um tiro de rifle deixou-o parcialmente surdo. Depois de uma dispensa por razões de saúde, graduou-se em Psicologia na University of Alabama, e obteve o *masters degree* na Washington State University. Em 1950 doutorou-se em Psicologia Clínica na University of California, lecionando a seguir no Kaiser Foundation Hospital, Oakland, Califórnia, tornando-se diretor de pesquisa psicológica em 1953. Um artigo que escreveu em Oakland sobre o diagnóstico da personalidade é importante no campo.

Leary casou-se depois da guerra e teve dois filhos, um menino e uma menina. Mas sua mulher morreu subitamente, enquanto ele estava trabalhando no Kaiser Foundation Hospital. Acompanhado por seus dois filhos, Leary deixou a Califórnia e passou um par de anos errando pelo mundo, ganhando dinheiro como professor visitante no México, Espanha, Itália e Dinamarca. Finalmente voltou a fixar-se em 1959, quando aceitou um posto no Harvard's Center for Research in Personality, diante dos insistentes pedidos de seu diretor, o Dr. David C. McClelland. A reviravolta em sua vida deveria dar-se no verão seguinte.

Quando voltou a Harvard, no outono de 1960, Leary trouxe consigo sua recente experiência da droga. Seu primeiro adepto foi um membro da faculdade, de vinte e nove anos, o Dr. Richard Alpert, um outro protegido de McClelland no quadro do centro de pesquisas. Juntos, Leary e Alpert levaram mais longe a experimentação com alucinógenos, usando psilocibin que fora sintetizado do cogumelo "mágico" no ano anterior. Os dois conferenciaram com o falecido Aldous Huxley, que então se encontrava lá, dando conferências. Huxley, que vários anos antes havia experimentado a mescalina do cacto peiote, escrevera dois livros sobre suas experiências de expansão da mente, *As Portas da Percepção* e, talvez profeticamente, *O Céu e o Inferno* [1]. Huxley partilhou o entusiasmo dos dois professores pelos alucinógenos, e deixou Leary e Alpert com dedicação renovada para continuar seus experimentos que, até então, se haviam limitado a si próprios.

Depois disso, usando psilocibin fornecido pela Sandoz Pharmaceuticals, Hanover, New Jersey, a filial americana da companhia química suíça que tinha as patentes do psilocibin e do LSD, Leary e Alpert começaram experimentos com estudantes de psicologia, causa básica de sua demissão da Universidade. Como membros do centro de pesquisas de Harvard, eles não tinham nenhuma dificuldade em arranjar psilocibin e, mais tarde, LSD, com fins de pesquisa. O Sandoz nega ter fornecido LSD aos dois, o que provavelmente seja verdade. Mas eles o conseguiram em algum lugar. Os experimentos iniciais foram realizados com a aprovação do Centro de Pesquisa.

Leary e Alpert começaram a sua primeira pesquisa em grande escala com alucinógenos, a 15 de janeiro de 1961, com um programa-piloto de dois anos, que envolvia trinta e cinco detidos no Massachusetts Correctional Institution em Concord. Seu objetivo era ver se as propriedades dilatadoras da mente do psilocibin poderiam conservar delinqüentes reincidentes fora das

---

(1) Incluído na edição brasileira de *As Portas da Percepção* (Editora Civilização Brasileira). (N. da T.)

grades, depois de cumprida a pena. Médias americanas mostram que aproximadamente 67 por cento dos prisioneiros libertos da cadeia voltam a ela. Embora o programa nunca tenha sido completado, os resultados iniciais foram encorajadores. Da amostra de Leary e Alpert, somente 32 por cento voltaram à prisão depois de libertos. Os dois pesquisadores ficaram contentíssimos com os resultados e mergulharam em novos experimentos, usando agora o LSD, mais poderoso, como droga escolhida.

Infelizmente, o experimento com prisioneiros não foi saudado com o mesmo reconhecimento nos círculos médicos. O Dr. Sidney Cohen, em *The Beyond Within* aponta os porquês:

"Uma breve recapitulação. : . é útil, pois demonstra quão fácil é obter resultados que confirmam nossas próprias tendências. Realizou-se uma série de experiências em que se usava o psilocibin com um grupo de prisioneiros reincidentes. Passado um período muito breve, foi declarado que o grupo do psilocibin permanecia fora da cadeia com muito mais sucesso do que outros prisioneiros. Se fosse verdade, seria uma notícia excitante e encorajadora, visto significar que se pode transformar criminosos endurecidos em homens respeitadores da lei, através de umas poucas sessões com psilocibin ministrado sob condições apropriadas. Uma análise do que realmente foi feito torna esta conclusão menos impressionante. O tratamento com psilocibin não foi o único fator envolvido, pois o grupo selecionado tinha a vantagem de estar sujeito a muitas outras medidas conhecidas como terapêuticas. O grupo que foi sujeito ao psilocibin não só gozava de um *status* especial na prisão, mas também acabou por ter um relacionamento verdadeiramente amigável com os pesquisadores. Um curso de instrução especial foi estabelecido para eles. Foi-lhes dada assistência especial para que obtivessem casa e emprego. Mantiveram contato com seus amigos em Harvard. Nenhum dêsses benefícios estava ao alcance do grupo de prisioneiros que foi usado para comparação. A avaliação dos resultados não foi realizada por indivíduos imparciais, e também não temos um relato sobre o comportamento a longo prazo do grupo tratado com psilocibin."

A censura, que foi geral entre os profissionais, não contribuiu evidentemente para que Leary e Alpert fossem mais bem vistos pelos médicos. Se bem que houvesse um médico à mão no experimento na prisão (onde Leary e Alpert tomavam psilocibin com os prisioneiros, para "estabelecer relação"), nos experimentos subseqüentes realizados pelos dois, podia-se notar uma negligência no que diz respeito à supervisão médica. Acreditando que os locais médicos de algum modo estragam a experiência com a droga, Leary e Alpert começaram a realizar sessões em casa, à luz de vela e com música apropriada. Aos poucos, espalhou-se que os dois professores estavam promovendo uma campanha pelo uso livre de alucinógenos e aconselhando estudantes a experimentá-los por conta própria. Nos fins da primavera de 1961, certo desagrado começou a crescer entre os funcionários de Harvard. Mais ou menos por esta época, Andrew Weil, um novato que procurava informações para um trabalho final, relatou uma conversação com Leary:

"Leary disse: 'Estas coisas são grandes — você sabe, maravilhosas'. Disse que não podia me dar um pouco para experimentar porque a universidade estava toda cheia de dedos com a coisa, mas que tinha certeza de que eu podia arranjar em algum lugar. Disse que pensaria que em cinco anos todo mundo as estaria tomando. Disse isso de um jeito casual. Eu fiquei um pouco surpreso."

Muita gente ficou surpresa com Leary e Alpert. O *Harvard Crimson* relatou naquela época que uma "assustadora fração" de estudantes estava obtendo alucinógenos e experimentando-os. Havia também os mais negros boatos de que Leary e Alpert estavam fornecendo as drogas aos estudantes, como parte de suas experiências fora do *campus*. Nos fins de 1961, Leary e Alpert estavam dando um seminário para graduados, sôbre introdução à psicologia. Doze estudantes graduados pediram e receberam psilocibin num experimento. "Começamos a organizar mais sessões com a droga e estudantes tomavam parte", contou Alpert a um entrevistador, alguns anos mais tarde. "A Faculdade tornou-se cada vez mais hostil." A 8 de outubro de 1961, depois de um exame sobre os perigos dos alucinógenos realizado por psiquiatras de Boston, o Deão John Monro e o Dr. Dana Farnsworth, da University Health Services, conseguiram uma promessa relutante de Leary e Alpert de que não usariam estudantes não-graduados em seus experimentos.

Nesse meio tempo, continuaram a proliferar as histórias sobre o uso de alucinógenos por estudantes. Eram relatos sobre um estudante correndo pela praça gritando que era Deus, e um outro que foi encontrado em Boston proclamando, a quem quisesse ouvir, as virtudes da iluminação. Os alucinógenos estavam-se tornando muito populares em Harvard, senão em ação, pelo menos na conversa de todos. O próprio Leary continuava a usar psilocibin e LSD, e coletava relatos verbais de outras pessoas (alguns deles estudantes) a quem havia dado drogas. Alguns destes relatos são verdadeiramente interessantes:

"Meu coração, um lagarto contraindo-se flexivelmente no meu bolso, novamente esperando pela onda, minha carne suando como se rastejasse sob os ossos, as montanhas curvadas em volta do meu coração, a ressaca chocando-se contra o muco de meu pulmão, tossindo em golpes profundos, morte pulsando para me marcar. Corpo fútil. Esperando a tempestade fugindo sob a onda que se despedaçava tão convulsivamente sob meu coração, azul iluminado para o SIM. E a tempestade indo para CIMA... O universo tem um eixo que não é perpendicular e, em volta dele, acumulam-se cores vivas, pulsando involuções eternas."

E outro:

"Eu me deliciava ao ver que minha pele se dissolvia em partículas mínimas que se afastavam flutuando. Sentia como se minha carcaça exterior se estivesse desintegrando, e a minha "essência" estivesse sendo liberta para alcançar a "essência" de tudo o que não fosse eu."

E outro:

"Aos poucos tornei-me consciente do movimento, um tipo balanceado de movimento, como num trenzinho, apesar de não mover meu corpo... Com uma aceleração opressiva, comecei a girar e girar, redemoinhando e depois me jogando pra trás e pra frente, como um pedaço de potássio na água, silvando, cintilando, cheio de vida e fogo."

A situação em Harvard foi ficando difícil. Cada vez mais, Leary e seu adepto Alpert transportavam seus experimentos com drogas para fora do *campus*. Mas a situação no *campus* estava ultrapassando os limites. A 14 de março de 1962, o quadro do Center for Research in Personality teve uma reunião para discutir as atividades de Leary e Alpert tanto fora como dentro do *campus*. O Dr. Herbert C. Kelman, professor de Psicologia Social, contou nesse encontro que estudantes graduados que haviam tomado alucinógenos estavam formando um clã, um "grupo de iniciados". O Dr. Kelman expressou grandes dúvidas sobre projetos com uso de drogas na escola. "Pergunto se estes projetos são elaborados primariamente como empenho intelectual ou se são levados avante como uma nova experiência para oferecer uma resposta aos males a que está sujeito o homem." Houve discussões, pró e contra, mas McClelland defendeu seus protegidos, pelo menos naquele momento.

Um repórter do *Crimson*, de Harvard, estava na sala durante a reunião, e a história foi primeira-página do jornal de 15 de março de 1962. A história foi retomada pelo *Herald* de Boston, ganhando lugar de destaque. O que fora antes uma discussão que se desenvolvia unicamente em Harvard estava agora em aberto para o exterior. A história passou pelos serviços telegráficos e foi retomada por uma revista nacional.

Em Harvard, os estudantes foram advertidos para não se envolverem no uso de drogas alucinógenas. Tentativas no sentido de tomar os alucinógenos das mãos de Leary e Alpert encontraram resistência. Eles transportaram suas operações com drogas completamente para fora do *campus*, estabelecendo dois grupos nas proximidades de Boston para estudos posteriores sobre a expansão da mente. Os habitantes do subúrbio de Newton Center, em Boston, onde Leary e Alpert se estabeleceram quando saíram do *campus* com aproximadamente 50 seguidores, não ficaram mais contentes com os expansores da mente em seu meio que os de Harvard. Várias tentativas para que o grupo fosse removido de suas vizinhanças falharam, mas o assunto era comentado.

No verão de 1962, Leary voltou ao México e negociou o aluguel de um hotel de veraneio vazio na aldeia de Zihuatanejo, uma calma aldeia de pesca na costa do Pacífico, aproximadamente a 180 milhas ao norte de Acapulco. Voltando a Cambridge naquele outono, Leary continuou a lutar uma batalha perdida contra os administradores de Harvard, uma batalha relatada não somente no *Crimson,* como também em artigos por todo o País. Nos relatos publicados, Leary era chamado de louco e coisas piores, e as drogas não recebiam tratamento muito melhor. Um artigo referia--se a Leary e a Alpert como "viciados transviados que estão tentando enlouquecer aquêles que os cercam". O LSD, em sua primeira explosão da publicidade nacional, era, na visão de um repórter, "uma droga tão poderosa que pode provocar esquizofrenia em pessoas normais após uma única dose".

Fosse a publicidade, fossem os tempos, o LSD foi-se tornando moda subterrânea entre os intelectuais de vanguarda, e Leary, o mensageiro da luz. No outono de 1962, Leary e Alpert organizaram a *International Federation for Internal Freedom* (IFIF), que começou a difundir pelo país informações sobre os alucinógenos.

O machado acadêmico caiu sobre eles na primavera de 1963, quando ambos foram demitidos de seus cargos em Harvard; Leary sob a alegação "técnica" de não-comparecimento às aulas nos horários fixados, e Alpert por ter administrado LSD a um estudante não--graduado. "Corta-me o coração ver o que lhes aconteceu", disse McClelland. "Êles começaram como cientistas bons, saudáveis. Mas tornaram-se cultistas." Como tiro de despedida, Leary e Alpert emitiram uma declaração conjunta à *Harvard Review,* que continha o que se podia interpretar como as sementes da paranóia. O austero *Saturday Evening Post* citou, da declaração:

"Devemos continuar a prender, executar, exilar nossos visionários em êxtase e depois encerrá-los em santuários, como os heróis de amanhã?... A sociedade precisa de sábios-sacerdotes educados para fornecer a estrutura — a musculatura intelectual, carne e osso para manter coisas unidas... O sistema nervoso pode ser mudado, integrado, ter seu circuito refeito, suas funções expandidas. Essas possibilidades naturalmente ameaçam todos os ramos da Ordem Estabelecida... Nossos conceitos favoritos estão parados no caminho da maré enchente que há dois milhões de anos se vem avolumando. O açude verbal está em colapso. Corram as colinas ou então preparem sua habilidade intelectual para fluir com a corrente."

Leary estava em Zihuatanejo em meados de abril de 1963, estabelecendo o novo quartel-general da IFIF. Fez um comentário acre sobre sua demissão de Harvard: "Essas drogas aparentemente provocam pânico e insanidade temporária em muitos funcionários que não as tomaram". Enquanto isso, Alpert permaneceu em Massachusetts, tentando arrecadar fundos e lançar o IFIF *Newsletter.* Não faltavam à IFIF colaboradores ricos. Uma das primeiras foi Peggy Hitchcock, filha do falecido jogador de pólo Tommy Hitchcock. Mas o principal problema da IFIF não era dinheiro — era a aceitação.

O idílio mexicano de Leary teve uma carreira curta, mas espetacular. Durou aproximadamente seis semanas, terminando em meados de junho, depois que Leary e cerca de vinte seguidores foram expulsos do país pelo governo mexicano. Conforme foi relatado na imprensa mexicana, a ordem seguiu-se a queixas acerca de "estranhos" vaivéns no hotel. Oficialmente, o governo mexicano baseou a expulsão no fato de Leary e os outros terem entrado no país como turistas e "se engajado em atividades não-autorizadas". Numa declaração a um jornal mexicano, *La Prensa,* Leary vituperou a ordem de expulsão e defendeu seu centro psicodélico como um paraíso para "filósofos, educadores, professores e intelectuais devotados ao nôvo movimento de libertação interior". Os funcionários mexicanos pouco se importaram e a ordem permaneceu de pé.

O Dr. Joseph J. Downing, professor-associado de Psiquiatria e Medicina Preventiva na Stanford University School of Medicine, escrevendo no livro *Utopiates,* resume da seguinte forma o centro mexicano:

"Como sociedade utópica, o centro mexicano mal havia começado. Foi incapaz de obter a aceitação da maioria da sociedade para seu uso particular de drogas psicodélicas. A falta de aceitação parece, olhando retrospectivamente, inevitável devido à publicidade procurada pela IFIF, publicidade que tinha o objetivo de convencer importantes partes da sociedade de que o LSD era desejável. Se o grupo tivesse sido discreto, evitando a publicidade, a notoriedade que levou à sua expulsão poderia ter sido evitada...

O grupo não tinha nenhuma responsabilidade produtiva ou de automanutenção; só tinha que existir. E isso ele não pode realizar. Apesar de tudo, os objetivos declarados da IFIF — relações de empatia levadas ao extremo, conhecimento de si mesmo e experiência interpessoal — pareciam estar prestes a se conseguir quando o grupo foi dissolvido..."

Uma das atividades em Zihuatanejo dizia respeito a uma torre que fôra construída na praia. Downing a descreve:

"O ritual predominante era o da torre. Uma torre com pouco mais de 3 metros de altura e uma plataforma de 1,80 m foi construída na praia, em frente ao hotel. Essa torre era conhecida como a "alma" do grupo. A intenção era ter nela uma pessoa sob a influência do LSD, o tempo todo, dia e noite. Ao nascer do sol e ao por do sol, uma nova pessoa subiria à torre, tomaria uma quantidade de LSD que ela mesma deveria escolher, e lá permaneceria até que o próximo chegasse. Permitiam-se visitantes, o nome do ocupante da torre era divulgado e perguntas sobre seu progresso eram freqüentes. Acima de tudo, havia uma alta consciência de sua presença. A atmosfera era a de uma cerimônia votiva. A permissão para tomar a droga na torre era muito procurada e concedida pelos líderes."

Enquanto durou, a experiência mexicana atraiu mais pretendentes do que poderia ter manipulado em vários anos, apesar das poucas semanas em que existiu realmente. Mais de cinco mil americanos inscreveram-se para períodos de duas semanas, ao preço de 200 dólares (incluindo quarto e comida), mais seis dólares por dose de LSD. Alguns *beatniks,* cuja admissão foi recusada por Leary, armaram tendas nas proximidades do hotel e por lá ficaram, fumando marijuana e geralmente fazendo uma grande bagunça, o que não ajudou muito para melhorar a reputação do centro aos olhos dos cidadãos locais. A reputação também não foi muito ajudada quando um dos hóspedes de Leary entrou em transe frenético, após haver tomado sua ração de LSD. Depois passou quatro dias num hospital da Cidade do México, recuperando-se. Outro hóspede do centro avaliou mal as distâncias quando sob ação do LSD e tropeçou várias vezes, caindo de alguns degraus de pedra, ferindo-se no olho e na cabeça. Ele regressou à Califórnia e passou vários meses sob assistência de um psiquiatra. Todos os incidentes e alguns que jamais ocorreram — havia rumores sobre uma orgia que durou a noite toda — foram estampados na imprensa mexicana e americana.

A experiência mexicana de Leary e sua subseqüente expulsão do país foram amplamente cobertas pela imprensa americana. Por volta dos fins de 1963, várias importantes revistas nacionais apresentaram histórias "em profundidade" sobre Leary e o LSD, e tanto Leary quanto a droga foram-se tornando familiares a todos os americanos que não fossem analfabetos. E o livre uso do LSD, que se havia limitado quase inteiramente a grupos aventureiros de intelectuais adultos e a pequenos bandos de estudantes universitários em algumas grandes escolas nas costas oeste e leste, parecia propagar-se lentamente pelo país. O uso ilícito da droga parecia crescer em razão direta dos problemas grandemente anunciados de Leary. Em março de 1963, ocorreu a primeira apreensão federal de LSD contrabandeado, em São Francisco, ao que parece o centro da distribuição de LSD para a costa oeste. Foram apreendidas oito mil doses de 200 microgramas, avaliadas no mercado negro em 108 mil dólares.

A expulsão do México não deteve Leary em seu papel de profeta, mas provocou a tranqüila morte da IFIF, que foi abandonada, juntamente com os sonhos de um Valhalla na costa do México. Mas a primeira organização dedicada à promoção do LSD como a experiência universal foi seguida quase imediatamente por uma segunda, outra criação de Leary denominada Castalia Foundation. E, em fins de 1963, a Castalia ganhou seu primeiro lar, uma fazenda de 4.000 acres em Millbrook, uma tranqüila comunidade no condado de Dutchess, Estado de Nova Iorque. Foi novamente um dos filhos de Tommy Hitchcock que veio em ajuda de Leary. A fazenda de Millbrook, que inclui uma velha mansão barroca e embolorada de 64 cômodos, foi arrendada para a fundação por um jovem milionário, banqueiro e investigador, William Hitchcock, um sustentador financeiro de Leary, que admite usar LSD.

Alpert transferiu suas atividades para a costa oeste, onde o culto do LSD crescia aos saltos e difundia-se entre os jovens pensadores profundos e os descontentes de São Francisco e Los Angeles. Alpert continuou sua cruzada pelo LSD através de conferências, entrevistas, artigos e uma campanha por uma situação segura e uma legislação nacional que permitisse aos adultos "responsáveis" tomar LSD como experiência religioso-filosófica. Em um dossiê preenchido para a Food and Drugs Administration, a favor do livre uso do LSD, Alpert escreveu: 'Deve-se ter a esperança de que nossa visão e nosso empenho pelo desenvolvimento do indivíduo e da sociedade nos impedirão de eliminar legalmente uma das maiores oportunidades do homem para expandir os limites de sua mente, de sua individualidade e de sua cultura".

Em 1964 e durante a maior parte de 1965, as coisas estiveram relativamente calmas. Alpert continuou seu trabalho na costa oeste, seu público crescendo lenta mas regularmente. De volta a Millbrook, Leary fez de sua Castalia Foundation um florescente negócio, ostensivamente sem a ajuda do LSD. Aparentemente curvando-se às pressões públicas e legais, Leary anunciou, em 1964, que a transcendência do ego poderia ser atingida sem o uso de drogas e que seu grupo, através da meditação, da concentração hindu e de outros processos isentos de drogas, estava fazendo exatamente isso. Entretanto, não negou claramente que o LSD estivesse sendo usado, talvez apenas por ele próprio e por alguns outros. Os métodos empregados em Millbrook — disse Leary — "compreendem exercícios respiratórios semelhantes aos das ioga, projeções de luz estroboscópica no teto e o uso de música psicodélica".

Nessa época, Leary preparava-se para envergar a túnica dos mártires. Em uma entrevista, comentou: "Estamos numa encruzilhada, e o LSD está à frente de seu tempo. Não sou um cruzado. Sou um pioneiro. Dei LSD a mais de 3.000 pessoas sem lhes causar dano. Compararia o LSD à energia atômica, no sentido de que ele liberta energia, energia psíquica. Sou membro de um grupo muito antigo, os alquimistas. Eles também foram incompreendidos. Esse é o castigo por se existir antes do tempo".

Se Leary se havia recolhido para dentro da concha, seus seguidores não tinham feito o mesmo. Longe do brilho da publicidade, suas fileiras expandiam-se a passo lento mas firme. Saltando do *campus* de uma universidade para o de outra, as notícias sobre o LSD se espalhavam e, atrás das notícias, vinha a droga. A marijuana já havia florescido em uma centena de *campus* e a emoção estava acabando. Agora vinha a GRANDE emoção. O LSD prometia "viagens" a lugares que nenhum viciado em marijuana jamais vira. O LSD tornou-se "quente" nos meios universitários. Alguns tomavam a droga, a maioria apenas falava sàbiamente sobre ela. Ocasionalmente, um estudante alucinava, isto é, tinha uma experiência má, e havia algumas manchetes, mas não muitas. O fogo dormitava sob as cinzas.

Então, no início de 1966, Leary foi preso e acusado de transporte de marijuana do México para seu país. O fogo latente do LSD flamejou novamente e, ardendo, abriu caminho através do país. Dessa vez, o fogo não morreu. O LSD voltou às manchetes. As revistas utilizavam seus títulos de capa e suas ilustrações em novas séries de histórias sobre o LSD.

Leary era filósofo. Depois de sua prisão em Laredo, Texas, a 11 de março de 1966, disse a um entrevistador:

"Você sabe, este pequeno drama representado em Laredo foi representado em tôdas as gerações. Isto não aconteceu somente sexta-feira. Vem acontecendo há quatro mil anos. Comigo ou sem mim, meu trabalho vai continuando... De qualquer modo, eu não estou sendo julgado. A Constituição está. O Congresso está. Num sentido mais amplo, é o velho contra o novo. Você sabe que de 10 a 15 por cento dos estudantes da Universidade da Califórnia tomam LSD?"

Mais ou menos um mês depois, um xerife do Condado de Dutchess, acompanhado por vinte e dois policiais, fez uma incursão ao santuário de Leary em Millbrook, preendendo-o e a vários companheiros após encontrar marijuana e "outros itens de interesse" na sede do Centro, que é notado pela ausência de cadeiras, mesas e camas — tudo no chão ("é mais natural", disse Leary). A polícia declarou haver observado a casa durante semanas. Conforme o *Newsweek*, o xerife Lawrence M. Quinlan disse que a incursão fora ordenada depois que seus homens observaram "pessoas agindo de maneira estranha". Quinlan acrescentou que, pouco antes da incursão, seus homens viram "várias pessoas dançando freneticamente em tôrno de uma fogueira. Isso não é normal".

Que Leary estava sendo perseguido pelos órgãos legais, era fora de dúvida. Mesmo seus inimigos concordaram que seus direitos civis estavam sendo esbulhados impunemente, com base nas mais vagas acusações. Ao ser preso pela segunda vez em pouco mais de um mês, Leary declarou: "Eles estão pisoteando minhas liberdades civis!" Pisoteando ou não, os órgãos legais estavam apertando os parafusos pelo país, especialmente após dois casos ocorridos em Nova Iorque, no intervalo entre as detenções de Leary: uma criança acidentalmente tomou uma dose de LSD que seu tio havia deixado no refrigerador e "enlouqueceu", e um ex-estudante de medicina, de 30 anos, assassinou sua sogra, pretendendo depois não saber o que fazia, por estar sob efeito do LSD.

Então, pouco após sua segunda detenção, Leary encaminhou-se ao New York City's Town Hall, onde pronunciou uma conferência de duas horas a 800 de seus seguidores, na qual ele pedia uma interrupção no uso dos alucinógenos por um ano. A nova posição de Leary provocou certa comoção, mas havia, no movimento do LSD, os que percebiam que Leary estava jogando uma cartada para tirar as autoridades de suas costas. No entanto, Leary tornou claro que ele queria dizer por um ano e somente por um ano. Segundo disse, queria clarear o ar.

"Não estou querendo dizer que devamos parar de estudar a expansão da consciência. Devemos aprender a ter experiências psicodélicas sem o uso de drogas. Criem suas próprias alucinações. Então, cheguem perto de seus pais, ou achem alguma pessoa mais velha, e ensinem-nos a "ligar". Durante os últimos cinco anos testemunhamos uma revolução psicodélica. Estima-se que cerca de cem mil americanos tenham feito a viagem intemporal pelo seu sistema nervoso — erguido por algumas horas o véu da ilusão simbólica. A próxima década será o período mais excitante da história humana... Penso que deveríamos relaxar e nos manter calmos. A batalha psicodélica está ganha. Predigo que, por volta de 1970, entre 10.000.000 e 30.000.000 de americanos terão falado com suas células."

Um mês depois, em maio de 1966, Leary compareceu perante três diferentes comissões do Congresso que investigavam o LSD. Seu testemunho foi substancialmente o mesmo, frente a cada comissão: o LSD era mal compreendido, ele era mal compreendido; o LSD sobreviveria a qualquer tentativa de proibição legal, o futuro era dos jovens, e os jovens eram pelo LSD; o álcool era um perigo maior do que o LSD, e era preciso compreensão, e não leis. Sim — declarou às comissões — ele havia tomado o LSD mais de trezentas vezes e o havia administrado a milhares de outras pessoas. Isso não era uma confissão. Era uma afirmação de orgulho.

Timothy Leary perfez uma longa jornada desde o tranqüilo dia de verão em Cuernavaca, quando era apenas mais um professor universitário em férias. Êle fundou um culto e é o apóstolo reconhecido do LSD. Atraiu sôbre seus próprios ombros, também, a cólera pública, carregando-a como uma túnica de mártir. Não se sabe quantos seguem seu chamado. O número talvez esteja pela casa das dezenas de milhares, talvez menos. Isso realmente não importa. O que Leary fêz foi colocar o LSD, rasamente, frente à nação inteira, desafiando-a a encará-lo diretamente. Isso é importante, pois pode atrasar a pesquisa sôbre o LSD a um ponto tal que ela jamais se recupere. Depois novamente, como Leary diz, êle poderá demolir tóda a hipocrisia pela simples fôrça de seu pêso e dar início à era psicodélica. O tempo dirá.

Leary não fêz tudo isso sòzinho. Ao longo de todo o seu tortuoso caminho, foi ajudado e incitado por dezenas de pessoas, muitas das quais lhe deram apoio e dinheiro, mas não seus nomes. Há um núcleo de empedernidos adeptos em Hollywood, San Francisco, Los Angeles, Nova Iorque e em muitas outras cidades e *campus*. Alpert foi um pioneiro, ao lado de Leary;

assim como o psicólogo-farmacologista Ralph Metzner e o ex-estudante de Harvard, Gunther M. Weil, com quem Leary fundou e editou a bíblia do movimento, a *Psychedelyc Review*. O falecido Aldous Huxley deu espírito ao movimento. Um número incontável de psicólogos, filósofos, escritores, artistas e pessoas simplesmente comuns deram grandes contribuições nos flancos, enquanto Leary travava o combate na arena pública. Quem quiser procurar poderá achar uma centena de artigos em apoio às concepções básicas de Leary, alguns deles escritos por psiquiatras e outros indivíduos de formação médica.

Para alguns, Leary tornou-se um símbolo de ódio e desprezo, um saltimbanco carnavalesco, insuflando a doença mental por suas próprias razões malsãs. Outros o consideram equivocado, mas sincero. Uns poucos, como o Dr. Humphry Osmond, do New Jersey Neuropsichiatric Institute, em Princeton, vêem Leary não como um falso profeta, mas como um revolucionário. "Penso que posso compreender", diz o Dr. Osmond. "Timothy está criando um *maquis* (grupo guerrilheiro), e ninguém jamais derrotou um *maquis*. Não se esqueça de que os irlandeses são românticos e implacáveis. E Timothy, como a maioria dos revolucionários, é incrivelmente temerário. Ele *sabia,* por exemplo, por ocasião de sua prisão na fronteira, que os homens do governo estavam em seu encalço, dispostos a pegá-lo se pudessem."

A opinião dominante na classe médica não é tão generosa. Eles concordam com o psiquiatra da costa leste que, à menção do nome de Leary, fez um diagnóstico sucinto e instantâneo: "Paranóia de grandeza".

6. ZEN INSTANTÂNEO

Um dos frutos do trabalho de propaganda de Timothy Leary e de outros adeptos do LSD foi um culto pequeno, porém crescente, que elevou os alucinógenos à veneração. São homens ostensivamente sérios que transformam os poderes de expansão mental das drogas em misticismo e numa experiência religiosa madura. Enquanto a estrutura religiosa estabelecida se angustia com discussões controvertidas sobre se Deus está morto ou não, esses pensadores simplesmente sorriem melancòlicamente e balançam a cabeça. Deus não está morto; Ele nem mesmo está perdido. Êle está bem ali, nos mais profundos recessos da mente, onde sempre esteve. Os Santos Tomés em dúvida precisam somente deixar que o LSD lhes mostre o caminho. O LSD, dizem estes místicos modernos, é o mais poderoso dos sacramentos. O homem não precisa mais especular com Jó sobre os misteriosos caminhos de Deus. O LSD tem a resposta, e ainda mais. Ele é A Verdade, A Experiência, A Divindade.

O pequeno grupo de visionários representa o estreito meio-termo na candente controvérsia que se desenvolve hoje em torno do LSD e de outros alucinógenos. Eles estão à direita dos hedonistas que pensam no LSD em termos de emoções e prazeres, e à esquerda dos médicos que vêem no LSD nada mais que um novo instrumento clínico. Timothy Leary descreveu sua primeira experiência com um alucinógeno (psilocibin) como "inquestionavelmente a mais profunda experiência religiosa de minha vida". E mais tarde, disse: "Tenho repetido esse ritual bioquímico e [para mim] sacramental... e, quase todas as vezes, tenho pasmado ante revelações religiosas tão dilacerantes quanto a primeira experiência".

É difícil compreender exatamente o que Leary e os demais encontram no caminho da revelação religiosa enquanto estão sob a influência do LSD ou de quaisquer outros alucinógenos, e, principalmente, a razão pela qual encontram enormes problemas para explicar o que sentiram e o que viram sob efeito da droga. Parecem entender-se entre si, mas não conseguem transmitir a experiência mística àqueles que nunca tomaram a droga. "É como tentar explicar a cor vermelha a um cego de nascença", diz um; "ou o som de uma flauta a um surdo de nascença", diz outro. Quando tentam explicar as visões, as palavras soam pretensiosas e sem sentido. O professor universitário-ministro-escritor-filósofo Alan Watts tentou articular a experiência em seu livro *The Joyous Cosmology*:

"O choque do reconhecimento. Na forma de tudo o que há de mais estranho, alheio e remoto — as galáxias sempre recuadas, o mistério da morte, os terrores da doença e da loucura, a sensação de estranhamento, o mundo eriçado de aranhas e monstros marinhos, o nojento labirinto de minhas próprias entranhas — em todas essas formas rastejei sobre mim mesmo e gritei "Buu!" e me expulsei de meu juízo, e enquanto estava perdido de meu juízo, não posso lembrar-me exatamente como isso aconteceu De ordinário estou perdido num labirinto. Não sei como cheguei aqui, pois perdi o fio e esqueci o sistema de passagem emaranhadamente intrincado através do qual se fazia o jogo de esconde-esconde... Agora, no entanto, o princípio do labirinto está claro. É o processo pelo qual algo se volta sobre si mesmo, de modo a parecer outro; e as voltas foram tantas, e tão vertiginosamente complexas que estou totalmente desnorteado. O princípio consiste em que todas as dualidades e opostos não são disjuntos, mas polares. Não se encontram ou se confrontam à distância, mas brotam, antes, de um centro comum... O próprio corpo possui uma "onisciência" que é inconsciente, ou superconsciente, precisamente por lidar com a relação e não com o contraste, com a harmonia mais que com a discórdia. Ele 'pensa' ou organiza como uma planta cresce, e não como um botânico descreve seu crescimento. É por essa razão que Siva possui dez braços, pois representa a dança da vida, a onipotência de ser capaz de fazer ao mesmo tempo coisas inumeravelmente várias."

A um entrevistador do *East Village Other*, em 1966, a respeito de sua própria descoberta dos alucinógenos, Watts disse o seguinte:

"Quando pela primeira vez travei conhecimento com esses produtos, estava naturalmente muito cético a seu respeito. Sentia que, no máximo, o tipo de misticismo a que levariam seria como a natação com uma bóia e não com os próprios recursos de uma pessoa. E, em certa medida, ainda penso que isto seja verdade. No entanto, fiquei surpreendido e realmente embaraçado ao descobrir, após duas tentativas, que o LSD realmente podia produzir em mim uma experiência de consciência cósmica muitíssimo poderosa.

Eu pensei bem, que diabo vamos fazer a respeito disso na terra. Eis aquilo pelo qual as pessoas têm lutado durante séculos com a ioga e o *za-zen* por meio de danças de dervixes, eremitérios e todo esse gênero de coisas, e, ademais, parece ser razoavelmente simples."

Timothy Leary, que também é bastante afirmativo quanto à experiência religiosa, propôs realmente a construção de máquina de escrever experimental que, de algum modo, seria ligada a um indivíduo sob a ação do LSD, de modo que este poderia comunicar diretamente as coisas magníficas que sentisse e observasse.

"Quando você pergunta a um sujeito de uma experiência psicodélica o que está acontecendo, ele não pode dizer. Ele dirige a você um olhar vazio ou gagueja: "Poxa!" Suponhamos agora que instalemos um instrumento de gravação. ... Vamos imaginar vinte botões que o indivíduo aperte para gravar suas reações. Um botão é para "medo", outro para "emoção", outro para "luzes", outro para "mal-estar" e outro para "atordoamento". Então nós o treinamos durante várias horas no sistema de código. ... Depois prendemos com correias as mãos do indivíduo ao teclado de vinte botões do gravador... Agora, talvez ele possa nos dar de vinte a cem códigos por segundo, que recolhemos com um polígrafo."

Um aparelho semelhante foi, ao que parece, desenvolvido pelo Dr. Ogden Lidsley, da Harvard Medical School, em pesquisa conjunta com William Getzinger, um engenheiro eletrônico do Lincoln Laboratory, do Massachusetts Institute of Technology. Se isso será ou não de grande ajuda na transcrição dos pensamentos daqueles que estão sob efeito do LSD, de modo a que os não-familiarizados com a droga possam compreender, é algo que ainda falta demonstrar. De qualquer forma, ao menos por enquanto, a "experiência" permanece além de uma simples explicação. Devido a isso, os cultistas são forçados a depender do proselitismo para levar aos demais sua mensagem. Desde que a experiência religiosa ou mística não pode ser explicada, tem de ser demonstrada. E o único modo de demonstrá-la é fazer uma pessoa tomar LSD. A maioria das pessoas reluta em tocar o LSD, de modo que a conquista de convertidos à causa do LSD não é tarefa fácil. Entretanto o proselitismo é realmente o único meio. Richard Blum, psicólogo, criminologista, consultor do Institute for the Study of Human Problems, da Stanford University, no livro *Utopiates,* organizado por êle e seus colaboradores, explica o fato da seguinte forma:

"O proselitismo é uma das mais importantes atividades do movimento pelo LSD. Tem sido o processo básico através do qual o movimento tem alcançado os convertidos potenciais. Embora uma institucionalização crescente do LSD possa significar uma redução na importância dos esforços persuasivos individuais, enquanto a utilização da droga for o foco de valores sociais conflitantes e, necessariamente, de sentimentos interiores conflitantes, o proselitismo permanecerá importante para os utilizadores individuais da droga. O que se sugere é que o proselitismo possui funções psicológicas individuais, assim como institucionais e coletivas, necessárias aos interessados no movimento do LSD.

O proselitismo, por motivos pessoais ou não, representa mais do que persuadir alguém a tomar LSD. Trata-se de convencer essa pessoa a ter o mesmo tipo de experiência que deve ocorrer segundo as convicções do persuasor".

O proselitismo tem seus perigos, não para os crentes, mas para as pessoas que, particularmente, não partilham das opiniões do proselitizador ou não as compreendem. Desta forma, quando Timothy Leary e outros apregoam as glórias do estado místico ao público em geral, há aqueles que, embora sem compreender ou acreditar, tomam as declarações como um endôsso ao livre uso do LSD com todos os seus benefícios mágicos. De forma alguma se trata disso, conforme Leary é o primeiro a ressaltar. Diz êle: "O LSD deveria ser utilizado somente por pessoas cuidadosamente selecionadas, em lugares cuidadosamente selecionados". No entanto, desde que as próprias propostas de Leary para o uso do LSD são tão ilegais quanto o uso da droga como excitante, sua advertência é tão vazia quanto a morte final do *gangster* de cinema, após noventa minutos de bebida, mulheres e música. Em outras palavras, ele fala de misticismo, de religião e de ciência celular mas os elementos afastados somente têm ouvidos para as virtudes do LSD e traduzem todo o resto em jogos e diversões, ignorando as advertências de Leary de modo bastante análogo àquela pelo qual Leary ignora, publicamente, as advertências da classe médica e dos órgãos legais a respeito de suas próprias atividades.

Assim, o proselitismo prossegue, e os cultistas expandem a esfera de sua influência, e a esfera de influência da própria droga. As sementes estão caindo em solo fértil. Alan Watts o explicou a seu entrevistador da seguinte forma:

"Existe a revolução psicodélica, que é a vasta expansão no uso, não sòmente do LSD como da marijuana, por gente que nunca os usou antes; por intelectuais e indivíduos dos mais altos níveis de renda ou classes sociais. As pessoas estão utilizando essas substâncias como jamais o haviam feito no passado.

"Há uma fome espiritual, religiosa ou mesmo metafísica, entre os jovens a quem as religiões padronizadas e definidas simplesmente não satisfazem. Por uma razão: há séculos as religiões dêsse tipo têm um defeito principal. Elas pregam. Dizem a você o que deve ser feito, mas não são uma fonte de poder. Em outras palavras, não transformam seu modo de sentir, seu modo de vivenciar sua própria existência ou sua própria identidade. Elas apenas falam e incitam.

Essa é uma das grandes lições da história. A pregação não funciona. O único meio de alterar o comportamento de alguém é persuadindo e não pregando."

É exatamente isso que estão fazendo os proponentes do LSD como experiência religiosa. Não estão tentando pregar uma doutrina estranha à qual somente eles têm acesso; admitem que não podem traduzir a experiência em palavras. Estão oferecendo, a tôda e qualquer pessoa, a própria experiência. Apenas tome LSD e veja, dizem. Não tome nossa palavra por êle; experimente-o! Haverá algumas reações negativas; contudo as glórias da experiência valem os riscos — além disso, se você tomar LSD num ambiente favorável, os riscos são mínimos. Esse "ambiente favorável", segundo a definição dos inclinados ao misticismo ou à religiosidade, decididamente está na assistência de um médico em seu consultório, ou numa clínica. "Tais ambientes", diz um adepto do LSD como experiência religiosa, "não são propícios a uma viagem boa! São assustadores e anormais". Nesse caso, o que é um ambiente favorável? Alan Watts, em *The Joyous Cosmology*, dá uma definição geral:

"Condições favoráveis" significam um ambiente social e psìquicamente agradável; idealmente seria alguma casa de retiro... supervisionada por psicólogos ou psiquiatras religiosamente orientados. A atmosfera deve ser mais caseira que clínica, e é da maior importância que a atitude do supervisor seja de apoio e simpatia....

Dever-se-iam reservar dois dias — um para a experiência propriamente dita, que dura de seis a oito horas, e outro para a reflexão ulterior, no tranqüilo e relaxado estado mental que normalmente se segue...

"Isto simplesmente quer dizer que o uso de substâncias tão poderosas não deve ser encarado com leviandade, como se fuma um cigarro ou se beberica um drinque. A atitude em relação a tal uso deve ser a que se tem com respeito a um sacramento, embora sem a característica inibição da alegria e do humor que se tornou costumeira em nossos ritos religiosos."

Isto provavelmente se aproxima das exigências para uma sessão clínica com o LSD, com uma diferença fundamental: o problema da seleção. Praticamente todas as pessoas envolvidas com o LSD concordam que deveria efetuar-se algum tipo de seleção antes da administração da droga. Não é a droga, mas o que está encerrado na mente do indivíduo, que provoca as más viagens e os estranhos efeitos posteriores. No grupo dos que tomam LSD como excitante, não há seleção, motivo pelo qual as manchetes sensacionalistas dos jornais geralmente tratam deste grupo. No outro extremo, um exame completo é efetuado por médicos antes da aplicação do LSD em pacientes. Os cultistas do LSD estão em algum lugar entre esses dois pólos. Não permitem que loucos furiosos tomem a droga, mas um louco não-furioso pode ir em frente. Além disso, andando pelas ruas, existem milhões de pessoas que ajustaram suas próprias emoções a um ponto em que a vida quotidiana não as deflagra. Mas uma viagem de LSD não é a vida quotidiana, e se elas possuem uma formação mental pouco firme realmente podem encontrar-se em apuros. Os cultistas, mesmo estando presente um psicólogo como Leary, não estão equipados para medir a esse ponto as mentes dos conversos potenciais.

A questão principal ainda está por ser discutida. O LSD, na verdade, provoca uma experiência mística ou religiosa? Há dois lados na história. Um lado diz sim, o outro diz não. Uns poucos dizem talvez.

Leary e os outros do movimento, evidentemente, estão convictos de que a resposta é sim. Não estão sozinhos. Walter Stace, professor emérito da Princeton University, por exemplo, quando lhe perguntaram se o estado induzido pela droga é similar ao de uma experiência mística genuína, respondeu: "Não se trata de ser *similar* à experiência mística; ele *é* uma experiência mística". E, em um artigo de 1964, em *The Journal of Philosophy,* o psicólogo Huston Smith citou relatos de duas experiências religiosas, uma registrada sob influência de um alucinógeno, a outra sem uma droga. Desafiou seus leitores a distinguir uma da outra. Eis os casos citados, sendo um dêles um relato anônimo da experiência da droga, o outro, uma experiência natural citada por William James em *The Varieties of Religious Experience*:

I

"Subitamente, irrompi em um universo vasto, novo, indescritívelmente maravilhoso. Embora eu esteja escrevendo isto mais de um ano depois, o choque da surprêsa e espanto, o pasmo da revelação, o engolfamento numa onda avassaladora de sentimentos de gratidão e de maravilhamento divino são tão recentes, e a memória da experiência é tão vívida como se ela houvesse ocorrido cinco minutos atrás. Entretanto, inventar algo, à guisa de descrição, que sugira pelo menos a magnitude, o senso de suprema realidade... parece tarefa impossível. O conhecimento que infundiu e afetou cada aspecto de minha vida veio instantâneamente e com uma força de certeza tão completa que era impossível, então ou agora, duvidar de sua validade."

II

"De repente, sem qualquer espécie de advertência, achei-me envolvido em uma nuvem côr de fogo. Por um instante pensei em fogo ... a seguir, soube que o fogo estava dentro de mim mesmo. Imediatamente depois, desceu sobre mim uma sensação de exultação e de imensa alegria, acompanhada ou seguida por uma iluminação intelectual impossível de descrever. Entre outras coisas, não cheguei meramente a acreditar, mas vi que o universo não é composto de matéria morta, mas, ao contrário, de uma presença viva; tornei-me consciente em mim mesmo da vida eterna... Vi que todos os homens são imortais: que a ordem cósmica é tal que, sem qualquer evento prévio, todas as coisas trabalham juntas para o bem de cada um e de todos; que o princípio básico do mundo ... é o que chamamos amor e que a felicidade de cada um e de todos é o longo caminho, absolutamente certo."

Smith conta-nos que dos sessenta e nove estudantes de Princeton aos quais se pediu que lêssem as duas declarações e decidissem qual era a induzida pela droga, vinte e três fizeram a suposição correta e quarenta e seis, a incorreta. A resposta é que o n.º I é um relato de uma experiência com a droga. Qualquer que seja a resposta dada, o exercício mostra que, pelo menos neste caso, o estado induzido pela droga difere muito pouco da experiência natural ou isenta de drogas. Tais semelhanças são provas manifestamente suficentes para os místicos religiosos que acolheram o LSD.

Há um apoio adicional para os aspectos místicos do LSD, por parte de *alguns* zen-budistas, que dizem que o *satori* Zen, ou iluminação, é similar à experiência do LSD. Entretanto, alguns zen-budistas que experimentaram o LSD, abandonaram-no após uma sessão, retornando à meditação como único caminho para o *satori*. Foi o falecido escritor Arthur Koestler que, após haver experimentado o LSD, se referiu à experiência como "Zen Instantâneo". Não se acredita que tenha ficado favoràvelmente impressionado. Leary chama a experiência de *êxtase,* que compara favoràvelmente com outras formas de iluminação mística. O que leremos a seguir pertence a um capítulo escrito por Leary, Alpert e Metzner, para o livro *Utopiates*:

"Esse processo (*êxtase*) tem sido estudado por todas as culturas na história escrita, sob vários nomes: *samhadi, satori, numina, nirvana,* estado místico ou visionário, transcendência. Aqueles que estão enquadrados na conformidade e no ajustamento gostam de chamar o estado extático de psicótico. Os psicanalistas utilizam termos como "processo primário" ou "regressão na atividade do ego".

"Há séculos, é sabido que o processo extático pode ser produzido através de técnicas que alteram a química do corpo — imobilidade, concentração contemplativa da atenção, alterações ópticas, exercícios de ioga, privação sensória e ingestão de alimentos e drogas. O êxtase induzido por drogas é agora chamado de experiência psicodélica."

Para consolidar as bases místicas da experiência do LSD, Leary e seu séquito de estudiosos-sacerdotes autonomeados tentaram formalizar a reação ao estado induzido por drogas. Para fazê-lo, retornaram ao líder espiritual do movimento atual, o falecido Aldous Huxley. Após experimentar psilocibin, Huxley escreveu em *As Portas da Percepção*:

"Na literatura da experiência religiosa abundam referências às penas e terrores que avassalam aqueles que vieram a se defrontar, muito subitamente, com algumas manifestações do *Mysterium tremendum*. Em linguagem teológica, esse medo se deve à incompatibilidade entre o egotismo do homem e a pureza divina, entre o isolamento auto-agravado do homem e a infinitude de Deus... Podemos dizer que, por almas irremissas, a Luz divina, em todo seu esplendor, somente pode ser apreendida como um fogo ardente, expiatório, Uma doutrina quase idêntica pode ser encontrada em *O Livro Tibetano dos Mortos,* onde a alma que partiu é descrita encolhendo-se na agonia da Luz Clara do Vazio... querendo precipitar-se temerariamente na confortadora escuridão da auto-identidade como um ser humano renascido, ou mesmo como um animal, um espectro, infeliz, um habitante do Inferno. Tudo, menos o brilho da Realidade não mitigada — tudo!"

O Livro Tibetano dos Mortos tornou-se a bíblia do novo movimento, pelo menos na forma revista e corrigida por Leary e seus seguidores. Isso, é claro, emprestou alguma tradição, algum *status,* ao movimento. Uma revisão do texto foi editada em 1965 sob o título: *A Experiência Psicodélica*. Escrevendo na *Psychedelic Review,* Leary explicou a escolha:

"Tornou-se evidente que, para a realização de sessões exploratórias, eram necessários manuais e programas que guiassem os indivíduos através da experiência transcendental, com um mínimo de temor e confusão. Em vez de começar *de novo* utilizando nossas próprias mentes e nossas limitadas experiências para delinear a viagem, recorremos aos únicos textos psicológicos disponíveis que tratavam da consciência e de suas alterações — os antigos livros orientais. *O Livro*

Tibetano dos Mortos é um manual psicodélico — incrivelmente específico sôbre a seqüência e a natureza das experiências encontradas no estado extático."

Um segundo manual psicodélico foi também preparado, êste uma adaptação do livro chinês de versos, de 2 600 anos, *Tao Te Ching*. "O conselho dado pelos sorridentes filósofos da China a seu imperador", diz Leary, "pode ser aplicado à organização do lar, do trabalho, e à organização de uma sessão psicodélica". Os poemas ou preces no *Tao Te Ching*, na forma corrigida por Leary e outros, foram feitos, segundo êle afirma, para serem "lidos (ou gravados) a um tempo lento, em uma voz baixa natural [e] são lidos ou gravados melhor por alguém que esteja "alto", [porque] qualquer artificialismo ou representação por parte do leitor coloca-se como empecilho ao alívio."

Não ficou determinado se Leary designará ou não as duas obras de referência psicodélicas como o nôvo e o velho manual.

A despeito das reivindicações para o LSD como uma droga de valores místicos e religiosos, e do suprimento de livros formais para orientação de viajantes psíquicos, há muitos que não acreditam em nada disso. O Dr. Sidney Cohen, em seu livro *The Beyond Within*, diz:

"Não é muito necessário invocar explicações sobrenaturais para as atividades mais excepcionais da mente. Sua organização e complexidade são difíceis de perceber. O cérebro recebe milhões de impulsos elétricos a cada segundo. Os doze bilhões de células cerebrais têm, cada uma, 25.000 interconexões. ... Intuição, criatividade, experiências telepáticas, profecia — tudo pode ser compreendido como atividade superior da função mental-cerebral."

O Dr. Franz E. Winkler, um especialista em medicina interna da cidade de Nova Iorque e colaborador de muitas revistas médicas tem outra visão. Diz ele:

"Quando trazemos a religião à discussão, devemos ser coerentes o bastante para concluir esta discussão conseqüentemente. A tradição sagrada, bem como a intuição individual, nos diz que alguns dos dons supremos da evolução são a criatividade, o amor e a experiência de Deus. É o aspirar esses dons que mantém o homem lutando ao longo da dura estrada da evolução moral. Cada passo nessa estrada é essencial, mesmo que possa passar pelo pecado e pelo arrependimento. Mas, se eliminarmos o incentivo, dando ao homem através de drogas o que êle deve conquistar por seus esforços morais, podemos ter cometido o único pecado imperdoável, o pecado contra o significado de sua existência terrena."

Um renomado psiquiatra de Chicago foi mais direto. "Não há mais misticismo ou religião no LSD do que na morfina ou em qualquer outra droga", disse êle. "Essa coisa tôda remonta à Idade Média, quando as respostas eram fornecidas por alquimistas. A mente é capaz de muita coisa com que não estamos familiarizados. Mas chamar a isso religião é tão tolo como venerar o idiota da cidade porque êle foi tocado pela mão de Deus. Aqueles que advogam tais concepções são mais perigosos que qualquer charlatão que tenha prescrito medicamentos."

Estudos de pessoas que se submeteram à experiência do LSD não são conclusivos, quando aplicados à questão religiosa. Leary, pesquisando com um pequeno grupo de estudantes de teologia em uma pequena capela, na sexta-feira santa, relatou que cerca de noventa por cento dos que se submeteram a experiências da droga falaram de "uma intensa experiência mística ou reveladora". Uma pesquisa objetiva com 42 pessoas, em 1964, mostrou que 60 por cento da amostra sentiu que suas atitudes religiosas haviam mudado após a experiência da droga, mas não houve indicações de quaisquer mudanças marcantes nas crenças religiosas dos indivíduos em questão: isto é, nenhum ateu tornou-se crente, nenhuma pessoa profundamente religiosa tornou-se incrédula. A pesquisa indicou também que, quaisquer que fôssem os efeitos religiosos, eles pareciam transitórios.

De qualquer modo, o proselitismo prossegue. Richard Alpert acredita firmemente que os alucinógenos devem ser disponíveis a todos os grupos em que o LSD seja tomado num ambiente que fornece o apoio necessário e com a preparação adequada. Há um precedente para tal posição: a Igreja Nativa Americana, cujo ritual é descrito no Capítulo 2. Embora o uso do peiote para finalidades não-médicas seja ilegal segundo a legislação antinarcóticos do país, a Igreja não está infringindo a lei.

Em 1961, o juiz Yale McFate, da Corte Superior do Arizona, emitiu um parecer no caso dos índios:

"O ritual do peiote é de oração e de contemplação tranqüila. A doutrina consiste na crença em Deus, no amor fraterno, no zelo pela família e em outras crenças valiosas. A utilização e importância do peiote dentro do sistema religioso é complexa. Ele é concebido como um sacramento, um meio de comunhão com o Espírito do Todo-Poderoso e como um objeto de veneração, tendo sido dado aos índios pelo Todo-Poderoso". O juiz McFate afirmou também que o peiote "não é um narcótico (e) não vicia".

Tal decisão, aparentemente, poderia constituir-se numa boa base para a introdução do LSD em uma atmosfera religiosa, mas não foi isso que aconteceu. Parece haver uma sensação geral de que todos os grupos de LSD são organizações *ad hoc,* com objetivos religiosos questionáveis, ao passo que a Igreja Nativa Americana tem provado através de centenas de anos que seus rituais religiosos com o peiote são apenas isso e nada mais. Isso não impediu Alpert e outros de levarem adiante a questão. Um dos mais eloqüentes é Arthur Kleps de Miami, Flórida, que fundou a Igreja Neo-Americana. Kleps afirma que o LSD é o Hóspede Verdadeiro e que seu uso pela Igreja é protegido pela liberdade religiosa assegurada na Constituição.

Em 1966, Kleps lançou um boletim da Igreja Neo-Americana, no qual afirmava:

"No presente momento, a Igreja não está distribuindo o Hóspede Verdadeiro devido à perseguição governamental, a despeito do álcool, um narcótico, ser usado como parte do sacramento das igrejas cristãs, politicamente dominantes. Tão logo estejamos em uma posição legal e financeira para fazê-lo, distribuiremos abertamente o sacramento a nossos membros. Até lá, um de nossos químicos pesquisará uma substância que não transgrida a legislação existente."

Kleps não diz precisamente que substância é esta.

E assim permanece a questão: Deus está realmente morto ou está simplesmente oculto no frasco de LSD mais à mão?

7. CHAMANDO A TORRE DE CONTROLE

"Isso é loucura, cara. É A Loucura. Tua cuca desembesta e não sobra nada além de grandeza e loucura. Se teu problema é sexo, você consegue. Se você quer ver as galáxias, está tudo lá. Se você quiser alisar as pregas do teu cérebro, é com o ferro cósmico. Tudo que você quiser, está lá. É o maior estouro desde a Missa Negra. E Zen e Jesus Cristo e todos os mágicos malucos misturados na maior das confusões. Isso é que é ácido, cara, e você nunca fez a viagem, senão não perguntava."

B.T., estudante universitário, 20 anos.

Muita gente nunca fez a viagem, mas muitas outras fizeram. Quanto é muitas outras? Alguns lhe dirão que um é demais, e é isso que querem dizer. Outros recorrerão a estimativas abalizadas e darão números como 50.000, 500.000 ou mais. Desde que ninguém está certo de quais sejam os números, uma suposição é tão boa quanto outra. Mas, qualquer que seja o número, ele está crescendo visivelmente e muitas outras está se transformando em muitíssimas outras.

Como acontece em qualquer outro movimento onde entra a busca de emoções, os que usam LSD possuem sua própria gíria. LSD é ácido (*acid*). A experiência é uma viagem (*trip*). O que toma LSD habitualmente é um cabeça-ácida (*acid-head*). A mente não se expande, ela se evade (*flip-out*). O cabeça-ácida não alucina, ele desvaira (*freads*). Quem vai junto em uma viagem é um co-pilôto. Se ele já viajou antes, é um guru. Um amigo que impede um cabeça-ácida de saltar de uma janela é o contrôle de terra (*ground-control*). O homem que fornece ácido é um agente de viagens. Um grupo de cabeças-ácidas compõe um Clube de Exploradores. E se um cabeça-ácida joga um pouco de ácido no ponche, em uma festa, a festa torna-se um Teste Ácido.

Se tudo isto soa um tanto como linguagem universitária, não é para menos. O movimento do LSD como emoção começou em algumas grandes universidades em ambas as costas, e agora está saltando de universidade em universidade com a velocidade de um incêndio de floresta que se alastra de rama em rama. Onde a maconha foi um dia a droga favorita, agora o LSD tem o domínio supremo. O LSD tornou-se a evasão do homem que pensa. E os elucubradores do Greenwich Village, em Nova Iorque, do Sunset Boulevard, em Los Angeles, e do Haight-Ashbury District, em San Francisco, têm mais serviço de catalisadores que de combatentes. A preparação para a universidade, em muitos cursos colegiais mais avançados, está começando a incluir orientação sobre LSD.

O envolvimento de estudantes do curso médio com o LSD é relativamente recente. No entanto, não deveria surpreender. Com a larga publicidade dada ao LSD em todos os modernos meios de comunicação, era apenas um problema de tempo até que os adolescentes fossem tentados a experimentar a nova emoção. E neste nível, pouco campo resta à especulação sobre o motivo pelo qual estão tomando a droga. A experiência mística e o enriquecimento da alma não são muito grandes no caso dos adolescentes. É pela emoção, pura e simplesmente. Não há meio de calcular a amplitude do uso do LSD entre secundaristas. Ao contrário de seus irmãos e irmãs mais velhos, os garotos do curso secundário, quando estão envolvidos com o LSD, não fazem publicidade disso. Entretanto, três casos em 1966, dois em Nova Iorque e o outro em Los Angeles mostraram que o LSD tinha chegado às escolas médias. Em um caso, um rapaz de 16 anos foi expulso de uma escola de Nova Iorque por tentar vender LSD na escola. No segundo caso de Nova Iorque, uma jovem de 15 anos foi encontrada vagueando pelas ruas, sofrendo de pânico pós-LSD. O incidente de Los Angeles envolvia um estudante do último ano do curso médio, de 17 anos, que teve de ser hospitalizado para um tratamento psiquiátrico após uma dose de LSD.

À exceção das escolas de grau médio, nada há de furtivo na expansão do LSD. É quase como se o LSD fosse um símbolo de *status*. São usados milhares de botões de lapela nos quais se lê: "Apóie seu Agente de Viagem local", "Timothy Leary Vive" e "Essa Viagem é Necessária". Ao lado disso há um livre intercâmbio de informações concernentes ao LSD, desde como fazê-lo até como ele age e como comprá-lo. Isso não significa, é claro, que todo aquele que use um botão ou fale sapientemente sobre o LSD seja um usuário. Mas indica claramente a atmosfera permissiva predominante. O LSD tornou-se muito "por dentro". E tôda a conversa tinha de levar a alguma ação.

Um dos mais assustadores aspectos da voga do LSD é que a grande maioria dos cabeças-ácidas não são desprivilegiados das áreas de guetos, procurando desesperadamente algo que os leve da sordidez para a felicidade de um modo fácil. Os usuários do LSD, na maioria, são gente jovem, tida como inteligente, e ori-

ginária de confortáveis meios das classes média e alta.
É uma revelação perturbadora e uma das razões básicas pelas quais a grita contra o LSD tem sido tão veemente e acirrada. Se *beatniks* e *hopheads* (cabeças quentes) querem tomar drogas, o público está envolvido, mas não tão excessivamente. Entretanto, quando guris de colégio e universidade começam a desenvolver um gosto por algo tão poderoso e estranho como o LSD, o público se sente ultrajado.

Em 1964, o psicólogo Richard Blum, da Costa Oeste, fazia esta observação em *Utopiates*:

"No presente momento, o uso do LSD pareceria estar confinado a um estrato social limitado de intelectuais, no grupo de idade de 21 a 50 anos, principalmente do sexo masculino, ou esposas ou namorados de tais indivíduos; são brancos, freqüentemente anglo-saxões, protestantes. É um fenômeno concentrado entre pessoas respeitadas, dentro das estruturas e bem sucedidas, com antecedentes e carreiras socialmente bem vistos."

A partir de então a situação mudou um pouco, o LSD passou a ter um uso mais amplo e mais casual, tanto entre os *menores* quanto entre os maiores de 21 anos.

O número de estudantes e outras pessoas que tomam ou tomaram LSD não é muito fácil de obter. Timothy Leary, quando estimulado, dá o número como sendo 1.000.000, mas abaixa substancialmente essa cifra quando é contestado. Estimativas mais conservadoras e moderadas calculam que o número de pessoas que já tomou a droga chega perto de 50.000. Mas ninguém sabe realmente. Os médicos fazem explorações de números clínicos, calculando freqüentemente que, para cada administração clínica de LSD, existem de 1000 a 5000 doses clandestinas administradas. Os órgãos legais, a partir de crescentes confiscos de LSD e prisões, vão até 100.000, mas admitem estar conjeturando.

Contar os *cabeças* é uma tarefa gigantesca por muitas razões, das quais uma bem importante é a atitude, prevalecente entre muitos funcionários universitários, de ignorar toda a controvérsia, na esperança de que tanto esta quanto o LSD desapareçam com o tempo.

Numa tentativa de acabar com essa atitude de avestruz e chegar a um número significativo, um estudo sobre o LSD e seu uso ilícito iniciou-se em 1966, pelo Institute for the Study of Human Problems, da Stanford University. O diretor do projeto, Dr. Richard Bloom, um psiquiatra, acredita que a pesquisa mostrará um número surpreendente de utilizadores de LSD tanto fora quanto dentro dos *campus*.

"A última fronteira do tabu são as drogas. O sexo agora é O.K. Dizer que você odeia a mamãe é O.K. Limpar o nariz com a camisa limpa é O.K. A nova geração mudou e deslocou-se para uma espécie de ponto de vista antiagressivo. Esta é a primeira geração cujos pais são orientados psicologicamente. Foram ensinados a pensar sobre seu interior. As drogas acontecem no interior. E o uso da droga é também uma rebelião contra a autoridade, apesar de ser uma espécie estranha de rebelião. É uma rebelião muito pacífica. Esta geração viveu-a de modo muito bom. Nada de mau jamais aconteceu a eles, e muitos encaram o mundo um lugar seguro, onde nada de ruim jamais lhes poderá acontecer. Essa idéia de ser invulnerável reduz a possibilidade de que possam vir a pensar que algo de mau poderia acontecer se tomassem drogas.

Um ex-membro da Ivy League[1], agora escritor e morando no Greenwich Village, em Nova Iorque, concorda em que o uso do LSD pode estar mais difundido do que se imagina. Ele próprio, sendo usuário do LSD (dez a doze vezes por ano), disse o seguinte:

"Não sei qual é o número, mas deve ter chegado a centenas de milhares. Aqui no Village não se pode andar por uma rua sem topar com um *cabeça*. Por experiência própria, posso falar-lhe de quatro grandes universidades nesta área, onde pelo menos 40 por cento do corpo discente conhece por alto o LSD, se é que já não o experimentou. Arriscaria dizer que, se excursionasse através do país, poderia parar em qualquer cidade grande ou em qualquer da centena dos *campus* e achar alguns cabeças para viajar junto. Não menospreze a extensão do uso de LSD. A maior parte dele é clandestino, mas existe, não tenha dúvida."

(1) Grupo de universidades norte-americanas mais conceituadas, entre as quais as de Yale e Harvard. (N. da T.)

Relatórios das próprias universidades são imprecisos. Em Harvard, onde toda a ação começou em 1961, não existe nenhum estudo para apoiar a afirmação dos estudantes de que um quinto de seus colegas experimentaram marijuana ou LSD, estando os usuários do LSD na proporção de 10% em relação aos demais. Por outro lado, relatórios do San Francisco State College mostram que, dos 15.000 estudantes da escola, 500 ou 600 experimentaram o LSD. Em San Francisco, um estudante graduado fundou uma espécie de Cabeças Ácidas Anônimos para ajudar estudantes que fizeram más viagens. E diz-se que na University of California, em Berkeley, existem uns 10.000 estudantes que experimentaram o LSD. Nathan Adler, professor de criminologia da University of California, calculou em 1966 que perto de 10 por cento dos estudantes secundaristas e universitários em *toda* a área da baía já haviam tomado LSD ou marijuana. Mas, na sua maioria, os administradores de universidades relatam pouco sobre a atividade com o LSD em seus *campus,* se bem que estudantes de muitas das escolas apregoem que o LSD tem muitos seguidores.

Se os casos relatados aos hospitais próximos dos agrupamentos universitários são alguma indicação do uso crescente de LSD, e eles deveriam ser, então o uso do LSD está florescendo nìtidamente. Em 1965, o Bellevue Hospital de Nova Iorque e o U.C.L.A. Neuropsychiatric Institute em Los Angeles, passaram a ter um novo grupo de pacientes — pacientes atingidos de pânico e ansiedade pós-LSD. O Dr. Donald D. Louria, catedrático do comitê de drogas da Sociedade Médica de Nova Iorque, afirma que houve mais de oitenta casos de dificuldades pós-LSD no Bellevue em menos de onze meses. "Esses números", diz o Dr. Louria, "mostram que o problema está crescendo com rapidez alarmante. E os dados sugerem uma recente aceleração no número de admissões." O Dr. Duke D. Fisher, psiquiatra residente no Institute da UCLA, relatou casos de problema pós-LSD que exigiram mais de dois meses de hospitalização e tratamento psiquiátrico intensivo. Contou de um jovem que estava convencido de que seu corpo se dissolvia e tentou cometer suicídio.

Estórias de más viagens são numerosas e bizarras.

Um escritor de Greenwich Village, de 22 anos, que precisou de tratamento psiquiátrico depois de uma única dose de LSD, disse o seguinte:

"Tinham-me contado que seria assustador, mas eu não estava preparado para o que veio... Tudo no quarto ficou de um verde-pálido doentio e tomou a consistência de queijo cremoso. Eu estava afundando no sofá, mole, movediço e submisso. Estava sendo envolvido. Minha boca estava cheia. Não podia respirar. Penso que gritei... Corri do quarto soluçando, era pânico puro. Corri, ou penso que corri, algumas milhas, antes de voltar a ter algum controle. Então, caminhei durante horas, implorando para que não morresse..."

Uma estudante de uma grande universidade da Costa Leste não teve qualquer reação adversa antes de sua terceira viagem. Eis a descrição de uma parte de sua viagem:

"Vi a cobra mais horrível e viscosa que jamais tinha visto. Era grande e feia, e se enrolava à minha volta, começando pelos tornozelos, e atingindo lentamente minhas pernas. Tentei libertar-me, mas não podia, minhas pernas pareciam ter-se tornado parte da serpente... Sabia que a serpente estava me engolindo, pedaço por pedaço. Podia sentir a mucosa no interior da serpente. Estava-me tornando uma parte dela. Estava doente. Gritei e procurei Buddy. Êle parecia estar muito longe. Pensei que estivesse zombando de mim. Ele sabia que eu tinha medo de serpentes... Estendeu sua mão e todo seu braço começou a enrolar-se e pulsar, como se não tivesse ossos. Era uma outra serpente... A serpente começou a engolir minha cabeça, tudo úmido e liso... Eu era a serpente sem pálpebras e, assim, tinha que ver tudo..."

Um outro estudante foi mais sucinto: "Não é tanto a viagem que me apavora, é voltar".

Voltar parece ser uma das maiores complicações do mundo no caso do LSD-para-emoções. Tanto o Dr. Louria quanto o Dr. Fisher estão de acordo sobre este ponto. O Dr. Louria diz: "O uso ilícito do LSD é incrivelmente perigoso... Não se pode duvidar de que o LSD é capaz de produzir psicoses agudas... Isto pode resultar em agressão, violência, tentativa de homicídio e suicídio. Uma das características mais comuns, básicas nas reações adversas, é um pânico opressivo". O Dr. Fisher acrescenta: "O LSD pode produzir psicoses variadas, tais como terríveis alucinações visuais e de audição, depressão marcada freqüentemente com sérias tentativas de suicídio e ansiedade limítrofe ao pânico".

Existem outros perigos. Os Drs. Sidney Cohen e Keith S. Ditman, escrevendo no *Journal of the American Medical Association* em 1962, citam vários, entre os quais os diferentes *acting out* com distúrbios de caráter sociopático, ingestão acidental da droga, multi-hábitos, assim como reações psicóticas prolongadas. Resumindo, os Drs. Cohen e Ditman afirmaram:

"O uso do LSD pode fazer-se acompanhar por sérias complicações. Isto é especialmente verdade agora, quando existe o mercado-negro da droga. Existem os perigos de suicídio, reações psicóticas prolongadas e procedimentos anti-sociais. Tem sido encontrado também um uso totalmente errado da droga quer sozinha quer em combinação com outras drogas..."

A ameaça do LSD nos *campus* da nação, reconhecida ou não pelas autoridades das faculdades, logo mereceu o interesse da Food and Drug Administration. Em abril de 1966, o comissário da FDA, James L. Goddard, enviou cartas a autoridades de mais de 2000 colégios e universidades, prevenindo-os contra os crescentes perigos do LSD. Em parte, a carta dizia:

"No ano passado notou-se um crescimento marcante do uso ilegal de alucinógenos e drogas estimulantes em tôda a nação, particularmente nas instituições de ensino. Estudantes e membros de faculdades estão sendo secretamente abordados para participar de "experiências" alucinógenas. Existem provas diretas da ampla adquiribilidade de um certo número de drogas que têm efeitos profundos nos processos mentais. Desejo alertar todos os administradores educacionais para a gravidade da situação e convocar sua assistência no combate a uma atividade insidiosa e perigosa."

Ao mesmo tempo, Goddard bombardeou de cartas os fornecedores químicos do país, pedindo sua ajuda no combate ao problema crescente, com ênfase especial na venda de certos produtos químicos conhecidos como constituintes de drogas alucinógenas, tais como o ácido lisérgico.

Houve muitas especulações públicas e privadas quanto à noção de que, com um suprimento de ácido lisérgico e outros produtos químicos, além de certo equipamento, qualquer pessoa pode fabricar seu próprio LSD. Isto não é muito exato. Nenhum estudante universitário de química, cujo nível de aproveitamento esteja dentro do normal, pode fabricar de repente uma fornada de LSD cada vez que a provisão diminui. O LSD do mercado-negro é feito nos E.U.A., mas não por amadores. Primeiro, porque os ingredientes químicos são caros e difíceis de encontrar. Segundo, porque comumente há necessidade de um laboratório bem equipado. Terceiro, é necessário que se tenha uma base realmente boa de Química Orgânica. Isto não quer dizer que, em algum lugar, alguns estudantes de química não tenham, eventualmente, fabricado um pouco de LSD que tenha funcionado otimamente. Eles o fizeram. Mas o estoque do mercado-negro, estimado em 50.000 a 100.000 doses de 100 microgramas por mês, é, em sua maior parte, contrabandeado do México, dos países da cortina de ferro e da Itália, ou fabricado em laboratórios clandestinos dos E.U.A., por químicos orgânicos com um certo gôsto pelo trabalho noturno ilícito.

Existem lucros na venda ilegal de LSD, mas, ao que parece, não o suficiente para interessar o cartel do crime que controla a heroína. Isto relaciona-se com o mercado. Realmente, existe um mercado de LSD e êle parece estar crescendo. Mas ninguém sabe se é sòmente uma outra moda ou algo que permanecerá. E, mesmo que permaneça, a demanda de contrabando de LSD não é muito grande. A média dos cabeças-ácidas faz viagens seis vezes por ano, talvez uma vez por mês no máximo. A grande maioria dos cabeças-ácidas usa LSD até menos. Muitos, sòmente uma ou outra vez. Como o LSD não vicia, ninguém fica preso a êle, e o preço do LSD no mercado-negro permanece virtualmente constante. Enfim, o LSD é a coisa mais fácil de contrabandear para o país, sendo sem odor, sem côr, sem gôsto e quase invisível em pequenas quantidades. Tudo isso torna impossível para os interêsses das organizações criminosas especializadas em drogas dominar o mercado, controlar o preço e assegurar-se de uma clientela constante, enfim, o necessário para que os lucros valham a pena.

Contudo, existem lucros substanciais implicados no mercado-negro de LSD. O preço do LSD no mercado-negro tem sido bem constante. Desde que o estoque é aparentemente ilimitado, a demanda determina o preço. Em áreas como Nova Iorque, Los Angeles, São Francisco, e alguns dos maiores *campus* onde há maior demanda, doses para uma viagem (100 a 300 microgramas) podem ser obtidas por 70 cents até 5 dólares, dependendo de quem vende e de quem compra. Em cidades como Filadélfia, St. Louis e Chicago, assim como em pequenas cidades universitárias, o preço por dose pode ir até 15 dólares. O preço relaciona-se aparentemente com a velocidade com que a droga circula no mercado-negro. Quanto maior a demanda, mais baixo o preço.

O LSD pode ser obtido legalmente em muitos países europeus, principalmente na Itália, onde, de acordo com a Food and Drug Administration's Bureau of Drug Abuse Control, mais ou menos um quilo da droga é vendido por aproximadamente 10.000 dólares. Agora, um cálculo rápido mostrará que mais ou menos um quilo de LSD é igual a quase 20.000.000 de doses, o que daria 75.000.000 de dólares no mercado-negro. Poderia parecer que é um lucro e tanto. Mas é um lucro teórico. Qualquer pessoa que investisse 10.000 dólares em um quilo de LSD, passaria uma eternidade de tempo tentando revender 20.000.000 de doses da droga. Mesmo que monopolizasse o mercado, o que é impossível, isto lhe tomaria cem anos ou mais. Poderia decidir vender a droga a um centavo, para um lucro rápido, mas, ainda assim, estaria em má situação. Primeiro, não existem cabeças-ácidas em número suficiente para abocanhar todo esse LSD. Segundo, mesmo que existissem, isto faria com que ele gastasse todo seu lucro para encontrá-los. Terceiro, ele seria, sem dúvida nenhuma, prêso pelos agentes da divisão de drogas dez minutos depois do começo da venda.

O LSD não é manipulado em quilos, mas sim em gramas, miligramas e microgramas. E o preço por atacado a essas quantidades, no mercado estrangeiro de

LSD, é muito mais alto do que o preço por quilo. Mas, apesar disso tudo, uma pessoa pode fazer bons negócios, correndo o risco menor de introduzir escondidas pequenas quantidades de LSD no país, para uso próprio, de seus amigos e de uns poucos clientes selecionados.

As transações do LSD no mercado-negro — pelo menos inicialmente — eram feitas por meio de cubos de açúcar. Os cubos eram impregnados com 100 microgramas da droga para facilidade de armazenamento, distribuição e consumo. Desde que as doses de LSD são tão pequenas, os cubos de açúcar eram ideais para operações no mercado-negro. (Há aqueles que suspeitam de que os cubos de açúcar podiam não conter 100 microgramas. Considerando que apenas 25 microgramas podem causar efeitos marcantes na maior parte das pessoas, provavelmente existem boas razões para indagar se os cubos de açúcar sempre continham a dose anunciada.) Tentar parcelar doses de 100 microgramas em forma líquida ou em pó, é quase impossível sem um equipamento de laboratório de precisão. Contudo, um absorvente cubo de açúcar é um veículo perfeito para a droga. Mas, triste sorte, tôda publicidade dada a este modo de transporte fêz com que todos os cubos de açúcar se tornassem suspeitos, e essa prática está morrendo. Agora a droga é vendida principalmente em ampolas, tabletes e cápsulas, na maior parte contendo 100 microgramas de LSD.

Alguns dos distribuidores e utilizadores mais criativos do LSD ainda escondem a droga das formas mais complicadas, para evitar que seja apreendida. Chicletes, cola das dobras de envelopes, mata-borrões, cartões de visita e a maior parte de materiais absorventes são freqüentemente usados para ajudar a escondê-la.

Em 1964 houve um caso de um homem que levava escondidos dois gramas da droga, e os frascos se quebraram quando uma mala bateu no bolso de seu casaco. Conforme foi fielmente narrado em duas revistas nacionais, o homem mascou seu bolso meses seguidos, ficando "alto" em cada mascada.

Uma coisa estranha que há na expansão do mercado-negro é o fato de ser uma obsessão unicamente americana. Em nenhum outro lugar do mundo existe qualquer coisa que se assemelhe ainda que remotamente ao problema do LSD nos Estados Unidos. Sòmente em Londres, que rapidamente está-se tornando a cidade mais *hippie* do mundo, chegou mesmo a haver agitação em torno do uso ilícito do LSD. Ao que parece, os jovens de outras partes do mundo estão ocupados demais na luta pela comida, pelo reconhecimento dos direitos políticos e por um simples lugar ao sol, para se preocuparem com o LSD ou qualquer outra coisa que expanda a mente. Estão totalmente empenhados em expandir a vida. Infelizmente, os prazeres simples e as realizações sociais não parecem mais suficientes para muitos jovens americanos.

O ministro-filósofo Alan W. Watts, em sua entrevista a Walter H. Bowart, do *East Village Other,* diz:

"Uma porção de jovens não querem continuar a fazer como seus pais fizeram — vender seguros, trabalhar em bancos, vender ações etc. A razão é simplesmente que essas atividades não parecem ter qualquer relação com a vida. Na situação de família, a espôsa e os filhos ficam em casa e o papai sai para algum lugar misterioso chamado escritório, onde ele faz alguma coisa que nem as crianças nem a esposa conhecem ou estão interessados em conhecer. Tudo o que pretendem dele é que traga o dinheiro para casa... Acho que se pode compreender bem depressa que os jovens de algum senso não querem passar suas vidas buscando abstrações. Carros que não são carros, roupas que não são roupas, comida que não é comida, e um trabalho que é totalmente vazio de sentido... Sinto que o desenvolvimento de um novo senso de identidade está por trás do fascínio pelo LSD, pela marijuana e pelos psicodélicos, porque eles ajudam a deixar tombar os véus e as barreiras com as quais construímos nosso sentido de individualidade isolado e peculiar."

Seja o que fôr que a juventude americana quer, alguns o encontram no LSD, assim como outros, antes dêles, o encontraram na marijuana. Há muitos psiquiatras e sociólogos afirmando que a atual difusão do LSD entre os jovens é por algo mais que emoções ou euforia. Para defender seu argumento, assinalam que o LSD não é uma influência benigna, mas um ativador psíquico que transforma a natureza da experiência de uma forma bem mais ativa que passiva. Em outras palavras, tomar LSD pode ser uma dura tarefa, exigindo, para ser eficaz, uma conscientização quase que ater-

radora. Mostram que a experiência com o LSD não é
o amortecimento eufórico do álcool ou o sereno nada
da heroína. Tudo isso pode ser verdade, mas, caracteristicamente, muitos dos que se entregam ao LSD
não podiam importar-se menos com isso. Tudo o que
é diferente, que filtra experiência e estímulo através
de novas lentes, é simplesmente risos, alegrias e emoções. Nuanças místicas, religiosas e intelectuais são
ignoradas. A busca é de êxtase, não de iluminação.

Marijuana e sexo eram passagens para o êxtase, até
que os experimentadores começaram a se entediar. A
marijuana tem suas limitações, e o sexo, não importa
quão nôvo e excitante seja, acaba por se desgastar com
o tempo. É então que aparece o LSD ao longo dessa
fila, atirando a mente para novas alturas, com novas
visões e novas sensações. A emoção da marijuana passa para o segundo lugar, como se fôsse uma cerveja
que perde seu lugar para o uísque da mente. E se emoções eram o que mais se queriam o LSD tornou-se
emoções.

Um estudo realizado em 1964 por Richard Blum
e seus colaboradores, sôbre 40 utilizadores de LSD do
mercado-negro, mostrou que a excitação orgíaca era um
dos traços da experiência com a droga, quando tomada
no ambiente de um grupo informal. O relatório mostrou que o sentimento místico de união, naquele momento, fôra transferido para as atividades sexuais em
que as pessoas se despiam e brincavam de "roleta-romântica" [2]. As intimidades podem ser mais públicas
— no jardim de entrada, no chão do *living,* ou com
seis numa cama.

A promiscuidade sexual e a experimentação parecem ser parte integral de todo o cenário do LSD para emoções, uma reformulação das *"pot parties"* [3] onde
a expressão sexual tem sido a prova da libertação do
mundo e de suas leis. Os cientistas discordam quanto
aos supostos podêres afrodisíacos do LSD. Muitos
pensam que se algo acontece é a inibição do apetite sexual pelo LSD. Mas, segundo um psiquiatra: "Existem razões para crer que, se o momento em que se

(2) Festa ou reunião onde, sob a influência do álcool ou das drogas, o ato sexual é praticado com constante troca de parceiros. (N. da T.)

(3) Reuniões onde todo mundo é convidado para fumar maconha. (N. da T.)

tomam drogas parece apropriado para relações sexuais, os alucinógenos simplesmente trazem para a experiência sexual o mesmo tipo de transformação na percepção que ocorre em outras áreas de experiência". O movimento do LSD-para-emoções poderia sobreviver por anos tendo como única base essa afirmação.

Uma das mais bizarras e perigosas aplicações do LSD-para-emoções é o chamado "teste ácido". Esta forma particular de insânia nasceu em São Francisco. O "teste ácido" foi idealizado originalmente como uma festa, de preferência num salão alugado ou sótão, onde o entretenimento seria composto de música discordante, luzes vivas, círculos de cores e outros misteriosos adornos que ajudariam a formação da atmosfera. Além do mais, os participantes da festa estariam vestidos com os trajes mais bizarros. A idéia principal era simular a experiência com o LSD sem que a droga fosse realmente tomada. Aparentemente, a coisa não funcionou muito bem. Então acrescentaram um "agente emocionador". Puseram LSD no ponche. O que aconteceu então? Eis aqui um relato de primeira mão de um observador:

"Imagine: Centenas de pessoas que lotavam uma imensa sala de dança, vestidas em roupas pasmosas — meias listadas, corpos iridescentes pintados com tinta fluorescente, roupas vaporosas, vestidos vitorianos, roupas de marinheiro e costumes indianos. Luzes estroboscópicas em ritmos variáveis. Traçados coloridos projetados nas paredes. Ruidosa, poderosa, música eletrônica pulsando... Quase todo mundo alto de ácido — ele está no ponche, que é chamado *Electric Kool-Aid*. A cena só pode ser descrita como um *happening*. ... Corpos se contorcendo, alguns sentados, outros dançando. A música torna-se mais lenta, os dançarinos mais lentos, a música toma uma aparência hindu, a música fica estranhamente oriental; depois, torna-se novamente rápida e tôda a sala agita-se num frenesi interminável de corpos retorcidos. É o Mardi-Gras, um ritual peiote, o Teatro Mágico do lobo da Estepe [4] ... O preço da entrada, sua mente."

Os perigos que semelhante atividade implica são óbvios. O LSD pode causar reações estranhas naque-

(4) Referência ao livro *O Lobo da Estepe* de Herman Hesse. Ed. bras. da Ed. Civilização Brasileira. (N. da T.)

les que sabem e querem tomar a droga. O que acontece, então, a um indivíduo que toma LSD sem saber e sem querer? O que acontece quando a viagem começa? A primeira impressão é certamente a de que está ficando louco. Se suportar, tudo poderá ir bem. Mas, voltamos a repetir, existem muitas chances de que êle seja internado no sanatório local. Cabeças-ácidas balançam a cabeça. Parece que se você for a um teste ácido, deve esperar o pior.

Uma outra área em que os chamados experimentadores sérios e o ambiente de emoção se sobrepõem, é o da criatividade. Existem várias indicações de que a viagem abre novos horizontes e destrói barreiras mentais para artistas, escritores, e outras pessoas criativas. Mas estudos clínicos não conseguiram mostrar qualquer correlação entre a droga e realização artística. Na verdade, parece que acontece exatamente o oposto. Em muitas pesquisas, pessoas sob o efeito de LSD obtiveram muito menos pontos em testes simples do que antes da experiência com a droga. Testes aplicados após a sessão de LSD não mostraram nenhuma mudança no número de pontos obtidos antes do uso da droga. Ainda não está bem estabelecido se o LSD realmente ajuda no processo criativo.

Isso não quer dizer que grandes qualidades não tenham sido atribuídas ao LSD. Um pintor da Costa Oeste, um jovem que tinha feito mais de 50 viagens, não precisava de outra prova além dêle mesmo. Diz do LSD: "Êle me deu uma nova vida. Pinto melhor, amo melhor, como melhor, durmo melhor — faço tudo melhor. Qualquer um que desprêze o LSD ou é um idiota ou nunca o experimentou".

Testemunhos tão fanáticos são tão numerosos, se é que não mais, quanto as repetidas advertências dos médicos sôbre os perigos do LSD. Parece que o suicídio ocasional, assassínio, e outros atos anti-sociais, além da crescente incidência de psicoses induzidas pelo LSD, são o preço que os cabeças-ácidas estão dispostos a pagar pelo seu nôvo brinquedo. Afinal, dizem éles, falava-se a mesma coisa da marijuana, e agora existem dez milhões de cabeças de maconha no país e a República ainda está ai. É verdade. Mas comparar o

LSD à marijuana é como comparar a explosão da dinamite à fissão nuclear.

O Dr. Sidney Cohen vê a situação com alarma. Diz ele: "Muitas pessoas estão fazendo consigo mesmas o que nós jamais ousaríamos fazer experimentalmente. Talvez algum dia seus cérebros sejam trazidos ao laboratório e nos deem as respostas".

8. TRÊS VISÕES INTERIORES

As reações individuais ao LSD são tão variadas quanto as pessoas que tomam a droga. Não existe experiência-padrão com o LSD. Há muitas variáveis: o ambiente em que a droga é tomada, a razão pela qual se toma a droga, a atitude mental do usuário e uma centena de outros fatores de maior ou menor importância contribuem para a experiência total. Portanto, os três relatos subjetivos que se seguem de modo algum são padrões. São apenas três reações individuais ao LSD. O primeiro foi extraído de uma gravação feita pelo Dr. Harold A. Abramson em 1956, com um homem de 35 anos, em psicoterapia, a quem foram dados 40 microgramas de LSD antes de uma sessão de cinco horas. O segundo é um relato feito em 1960 por um publicitário de 25 anos que tomou 200 microgramas de LSD em casa de um amigo. O relato final é de um jovem que por algum tempo fêz parte do movimento do LSD e escreveu sôbre suas experiências numa carta à seção livre do *Los Angeles Free Press* em 1966:

Uma Questão de Conveniência

Fiquei muito surprêso quando vi que era apenas um líquido. Pensava que era uma pílula e um líquido para engoli-la, entende?... Um dos pensamentos... que me ocorreu... foi: "Ficarei espantado se isso realmente fôr alguma coisa", porque sei quão suscetível a mente pode ser a coisas dessa espécie...

Bebi o líquido e novamente fiquei surpreso com a ausência de gôsto. Pensava que tudo o que fôsse remédio deveria ter gôsto... Continuei lendo minha revista, quando aproximadamente... meia hora mais tarde, tive pela primeira vez consciência dêle... Apenas uma leve sensação, muito leve, não bem de náusea, mas a consciência de que havia uma estranha sensação no meu estômago... Então, percebi que estava agitado... Notei que começava a me impacientar, a me tornar um pouco inquieto. E, ao mesmo tempo... comecei a notar, pela primeira vez que sou um tanto frívolo...

(*O paciente conta um longo sonho ao psiquiatra; após o quê discutem o sonho; o psiquiatra anota em sua caderneta que o LSD ajudou a diminuir as defesas humanas, de modo a permitir que a pessoa revelasse mais sôbre si mesma.*)

Bem, sinto um certo torpor e, ao mesmo tempo, não posso relaxar meus músculos. Tenho um sorriso no rosto; não importa o que eu esteja pensando, tenho um sorriso no rosto... Que coisa estranha. Não importa o que eu pense, meu rosto continua sorrindo... Não quer tomar nota do que falei antes de continuarmos? Estou muito ocupado sorrindo, não posso continuar...

(*O paciente conta um outro sonho e depois se lança num relato incoerente e desconexo do sonho e de seu significado.*)

Poxa! Estou notando uma coisa — o assunto flutua em tórno de mim. Não posso me fixar num assunto e esgotar-lhe tôda a riqueza. Salto de um assunto para outro...

(*O paciente continua a admitir que tem sentimentos hostis em relação ao médico, algo que não havia sido capaz de admitir durante dois anos de tratamento sem LSD.*)

Antes do LSD — isso é verdade mesmo — eu era capaz de levantar às palavras "arrogante" e "egocêntrico"... Uma coisa engraçada acaba de acontecer. Até estes últimos 20 minutos mais ou menos, estive numa espécie de, bem, eu não diria torpor, mas meus olhos estavam fechados e sentia dificuldade em formar sentenças e pensamentos, porque havia tantos voando em volta que não sabia qual agarrar primeiro. E, somente agora, muito repentinamente, abri meus olhos e me senti totalmente acordado. Acho que minha cabeça ainda está rodando um pouco, mas de repente, meus olhos estão muito abertos...

(*O psiquiatra conta para o paciente que êste ficou sob efeito do LSD durante 3 horas, mas o paciente afirma parecer menos de uma hora. Depois de um rápido almôço, continuaram a sessão com a discussão de mais dois sonhos. Depois, o psiquiatra pergunta ao paciente o que havia feito durante o almôço.*)

Sabe, penso que fiz um grande êrro almoçando com (*a secretária do médico*). Falei muito sôbre a experiência que tive tomando esse negócio, entende? Penso que deveria ter guardado aquilo para agora, mas me senti com uma vontade louca de falar... Acho que ela se surpreendeu de que eu fosse capaz de falar tão — qual é mesmo a palavra? — objetivamente sôbre mim mesmo, tendo tomado a droga, entende?...

O que vem acontecendo aqui na minha análise, o pouco que sei é que a pequena luz que se espalhou nas escuras áreas de meu inconsciente, eu já sabia. E, parece que minha primeira reação ao LSD é, na verdade, reagir ao que é, digamos, predominante no momento, ao que está me incomodando, ou às coisas que estão me oprimindo ou me deprimindo...

(*Depois de dizer alguma coisa sobre a esposa, o paciente mostra vontade de tomar LSD nas visitas subseqüentes, ao que o psiquiatra responde que se poderia pensar no assunto.*)

Posso ver agora onde há duas reações: uma parte de mim pode ver em que o LSD é de grande ajuda, mas então minha atitude em relação à razão por que ele é de grande ajuda, é algo que você provavelmente achará que precisa de muita discussão. Por exemplo, não é uma questão de curiosidade, é uma questão de conveniência. E conveniência é algo que, você sabe, pode ser uma perspectiva indesejável, por causa da racionalização. Isso é bem fundamental, é fácil perceber. É apenas que ele torna as coisas tão fáceis — você já teve pacientes que permaneceram calados com o LSD?

(*O psiquiatra responde que sim, mas que os pacientes sob LSD usualmente falam, com alguns curtos períodos de retração.*)

Bem, como você diz, retração — pois bem, pensava nas várias vezes que fiquei em silêncio, e não colocava isto em termos de retração, embora possa ter sido. Pode ter sido o processo que se produzia. Mas, às vezes, eu mais ou menos tinha de — sentia dificuldade, entende — de arrumar meus pensamentos, e não se pode agarrar um pensamento com firmeza, pelo menos eu não pude; eu tinha agarrado um e então, pum! havia outro, e mais outro, e quanto mais eu me agarrava num assunto, êles só eram uma espécie — então, nem mesmo sabia no que eu estava pensando. Enfim, não sei se isso é uma forma de retração, podia ser camuflada...

(*O psiquiatra notou que pensamentos rápidos e desconexos relacionam-se com o efeito total do LSD, possivelmente por causa de um sentido de tempo destorcido sob o efeito da droga.*)

Outra coisa: tive tremores. Lembra de quando eu lia o sonho num papel? Pois bem, o papel tremia de verdade. Notei que era eu que fazia isso, e quando desci para almoçar notei que não tremia mais. E não foi muito depois... Outra coisa, no máximo da reação, achei que sentia umas contrações. Em outras palavras, não era um espasmo, eram contrações como eu faria, entende? como torcer o pé, arquear os ombros, dobrar o pescoço, e assim por diante ... Eu pergunto se isso aconteceu antes?

(*O psiquiatra lhe assegurou que tudo isso acontece sob efeito do LSD.*)

Um Hino Alegre ao Existir

Vim ao LSD com o que esperava ser um espírito receptivo, aberto. Não procurava nada e estava preparado para aceitar, fosse para melhor ou pior, a reflexão colorida de meu interior como que projetado no filme da experiência. Então já sabia que ninguém, a não ser os mal-informados, atribuiria à droga aquilo que êle fêz audaciosamente, e com um orgulho deslocado, na sessão. O reconhecimento do próprio eu é de extrema importância, pois é o que deve dissolver-se se a experiência é significativa. Esse "arremesso" do eu não se dá sem a mais chocante confrontação — os jogos da vida aprendidos morrem com dificuldade.

Sem um guia com o qual ter uma espécie de união espiritual, a experiência seria certamente de natureza negativa. Aceitei isso logo no começo, como sendo coerente com os poderes da droga. Não navegamos em águas desconhecidas sem a ajuda, na medida do possível, de alguém que explorou o caminho antes. Isso é extremamente importante no caso do LSD. Noções preconcebidas da experiência são tão inadequadas à realidade do transporte mental que desafiam qualquer comparação. Somente a mão de um viajante experimentado pode lançar uma ponte sôbre o terrível abismo que separa o conceito popular de realidade das realidades últimas do estado de ausência do eu.

Minha primeira experiência com LSD deu-se em casa de um amigo íntimo, que foi meu guia. O ambiente era confortàvelmente familiar e relaxante. Tomei duas ampolas (200 microgramas) de LSD diluídas em meio copo de água destilada. A experiência durou aproximadamente 11 horas, das 8 horas da noite de um sábado até mais ou menos 7 horas da manhã seguinte. Não tenho nenhum ponto de comparação sólido, mas estou certo de que nenhum santo jamais teve visões mais gloriosas ou mais alegremente belas, ou experimentou um estado de transcendência mais pleno de beatitude. Meus poderes para exprimir os milagres são pobres e por demais inadequados à tarefa. Um esboço, e um esboço sem arte, deve ser suficiente onde somente a mão de um grande mestre, trabalhando com uma paleta completa, poderia fazer justiça ao assunto. Devo desculpar-me de minhas próprias limitações nesta débil tentativa de reduzir a mais notável das experiências de minha vida a meras palavras. Meu sorriso superior diante das tentativas hesitantes e inseguras de outros no afã de expor as visões paradisíacas, transformou-se num sorriso consciente de conspirador — a experiência comum não precisa de palavras.

Meu primeiro pensamento depois de ter bebido o LSD foi o de que êle não tivera nenhum efeito. Haviam-me contado que, depois de 30 minutos, a primeira sensação seria produzida, um latejar na pele. Não houve nenhum latejo. Comentei isso e me disseram para relaxar e esperar. Na falta do que fazer, fixei meus olhos no mostrador iluminado do rádio de mesa, balançando minha cabeça ao som de um *jazz* que não reconheci. Penso que alguns minutos antes eu havia percebido que a luz estava mudando de cor caleidoscopicamente, com uma coloração diferente para os sons musicais, vermelhos e amarelos brilhantes nos registros agudos, e púrpura-escuro nos baixos. Eu ri. Não estava vencido pelo brilho extraordinário das cores. Tentei falar, expor o que estava vendo, as cores vibrantes e luminosas. Fosse como fosse, isto não pareceu importante. Com olhos abertos, as cores radiantes inundavam o quarto, imbricando-se umas nas outras ao ritmo da música. De repente tive consciência de que as cores *eram* a música. A descoberta não pareceu assustadora. Valores tão caros e defendidos tornavam-se sem importância. Queria falar sobre a música colorida, mas não podia. Estava reduzido a emitir palavras monossilábicas, enquanto impressões polissilábicas jorravam através da minha mente com a velocidade da luz.

As dimensões do quarto estavam mudando, ora resvalando para uma forma losangular palpitante, ora estirando-se para uma forma oval, como se alguém estivesse bombeando o ar para o quarto, dilatando-o até o ponto de explodi-lo. Tinha dificuldade em focalizar objetos. Eles se derretiam em partículas de nada ou navegavam no espaço por autopropulsão, viagens de movimentação lenta que tinham agudo interesse para mim. Tentei ver as horas no meu relógio, mas fui incapaz de fixar os ponteiros. Pensei em perguntar a hora, mas o pensamento passou. Estava muito ocupado em ver e ouvir. Os sons eram por demais alegres, as visões notáveis. Estava completamente extasiado. Não tenho idéia de quanto isso durou. Sei que o ovo veio em seguida.

O ovo, grande, palpitante e de um verde luminoso estava lá antes que eu o visse realmente. *Senti* que estava lá. Estava suspenso a aproximadamente meio caminho entre o lugar em que estava sentado e a parede oposta. Estava intrigado com a beleza do ovo. Ao mesmo tempo, tinha mêdo de que caísse no chão e quebrasse. Não queria que o ovo quebrasse. Parecia muito importante que o ovo não pudesse quebrar-se. Mas, exatamente enquanto pensava nisso, o ovo se dissolveu lentamente e revelou uma grande flor multicor que não se assemelhava a nenhuma flor que já tivesse visto. Suas pétalas, extremamente belas, abriam-se para o quarto, espargindo cores indescritíveis em todas as direções. Senti as cores e as *ouvi* como se tocassem através de meu corpo, frias e quentes, semelhantes a flauta, tímido.

O primeiro sinal de apreensão veio depois, quando vi o centro da flor comer lentamente as pétalas, um centro preto, brilhante, que parecia ser formado pelos dorsos de milhares de formigas. Comeu as pétalas num ritmo lento, agonizante. Eu queria gritar para parar ou se apressar. Sofria com o desaparecimento gradual das lindas pétalas, como se fossem devoradas por um mal insidioso. Então, num relance de lucidez, percebi, com horror, que a coisa preta estava realmente me devorando. Eu era a flor e esta coisa estranha, terrível, estava me comendo!

Gritei ou urrei, realmente não me lembro. Estava com muito mêdo e repulsa. Ouvi meu guia dizer: "Agora é fácil. Deixe-se levar. Não resista. Deixe-se levar". Tentei, mas a escuridão repugnante causava-me tal repulsa que eu gritei: "Não posso. Pelo amor de Deus, me ajude. Ajude". A voz era calma, tranqüilizante: "Deixe-o vir. Está tudo certo. Não se preocupe. Deixe-se levar. Não resista".

Senti-me dissolvendo na aparição terrificante, meu corpo derretendo-se em ondas no âmago da escuridão, meu espírito despojado do ego e da vida e, sim, até da morte. Num grande instante iluminado percebi que era imortal. Perguntei: "Estou morto?" Mas a pergunta não tinha nenhum sentido. O sentido era sem sentido. De repente, uma luz branca é a tremulante beleza da unidade. Havia luz em todos os lugares, luz branca cuja claridade vai além de qualquer descrição. Eu morrera e eu nascera, e o triunfo era puro e sagrado. Meus pulmões explodiam com o hino alegre ao existir. Havia unidade e vida e o imenso amor que enchia meu ser era ilimitado. Minha consciência era aguda e completa. Eu vi Deus e o demônio e todos os santos, e vi a verdade. Senti-me voando no cosmo, levitando além de todos os impedimentos, liberto para nadar na radiância beatífica das visões paradisíacas.

Queria gritar e cantar a milagrosa nova vida e sentir e realizar, e cantar a alegre beleza e todo o louco êxtase da graça. Eu sabia e compreendia tudo o que há para saber e compreender. Eu era imortal, sábio além da sabedoria e capaz do amor de todos os amôres. Cada átomo do meu corpo e alma vira e sentira Deus. O mundo era calor e bondade. Não havia tempo, não havia lugar, não havia eu. Havia somente harmonia cósmica. Tudo estava lá, na luz branca. Em tôdas as fibras de meu ser, eu sabia que era assim. Aceitei a iluminação com abandono completo. Como a experiência se apagasse, desejei retê-la e lutar com tenacidade contra a invasão da realidade de tempo e espaço. Para mim, as realidades de nossa existência limitada já não eram válidas. Eu vira as realidades últimas e não havia outras. Como fôsse lentamente transportado de volta para a tirania dos relógios, esquemas e ódios insignificantes, tentei falar de minha viagem, minha iluminação, os horrores, a beleza, tudo. Devo ter tagarelado como um idiota. Meus pensamentos turbilhonavam num ritmo fantástico, mas as palavras não podiam acompanhá-los. Meu guia sorriu e falou-me que compreendia. Parei de falar, voltei a sentar-me e pensei lindos pensamentos.

Depois dessa primeira experiência, tomei LSD mais de vinte vêzes. Nenhuma das experiências foi exatamente a mesma. Só uma vez a experiência não foi extremamente gratificadora. Naquela ocasião, a quinta vez em que tomava LSD, acabara de me divorciar e estava aborrecido por causa de várias contrariedades, tanto profissionais quanto em minha vida pessoal. Foi inteiramente por minha culpa que a experiência saiu má. Não deveria ter tomado LSD naquela época. Por outro lado, só tenho um comentário ulterior a fazer, em relação ao LSD. Desejo sinceramente que todo homem, mulher ou criança no mundo possa tomar LSD pelo menos uma vez. Isto economizaria muito desgaste e lágrimas sôbre o globo e para aquêles que o habitam.

Um Mundo Sapo Verde Tenebroso

[Tem-se dito que tomar LSD é] uma experiência maravilhosa que pode levar à iluminação, enriquecimento de espírito, e aumento de consciência e percepção do universo, com alguns, talvez mínimos, riscos na maioria dos casos. Tomei LSD vinte e cinco vezes num ano. Gostaria de tornar claras algumas coisas sôbre estas experiências que não foram enfatizadas.

É de minha experiência que o LSD não é Satori, não é budismo, não é uma união com uma fonte de energia, mas é uma Super-Morte. A luz da revelação, o iluminar-se da imaginação, o sentimento de um supremo bem-estar etc. acontecem rapidamente e não duram muito; mas, o que é mais importante, não se tornam os centros a partir dos quais finalmente se atua. São uma pequena parte da experiência.

Cada um é fisiològicamente um corpo sensível, em crescimento, mutável, de substâncias, produtos químicos e pensamentos. O LSD faz você crescer rápida e não naturalmente. Altera o padrão natural de crescimento natural e também acelera o processo de degradação. Tudo é aprofundado, dramatizado com grande convicção, sob efeito do LSD.

Existem depressões definidas fisiològicamente. A cabeça sente pontadas, a gente sente dores de cabeça que oprimem o cérebro depois de aproximadamente cinco viagens. Depois da vigésima viagem, comecei a urinar mais ou menos quinze a vinte vezes por dia. Ia e vinha com uma rapidez fora do comum. Senti dores nas virilhas.

Faz uns seis meses, ouvi um boato de que o LSD destrói as células do cérebro. Isto não me fez parar de tomar LSD — o que são umas poucas células do cérebro? Perguntei a vários médicos, e nenhum pôde me confirmar nada. Meu psiquiatra, que está muito preocupado com o uso do LSD, diz que êle pode realmente destruir células do cérebro. OK, vocês dizem, por que não experimentar o esplêndido gesto de um alto com o LSD? O prazer está onde é buscado.

A primeira vez que tomei LSD era de noite. Tinha medo de sair na escuridão. Penso que tinha medo de grilos, como quando era criança. Saí — era lua cheia. Os raios da luz desceram à terra, vagarosamente, reluzentes, isto me fez feliz. Mas não me aventurei na estrada, entrei e olhei a neblina. A neblina estava suspensa em volta dos galhos, como geléia. Depois escrevi algumas coisas.

"Não há nada nesta página, mas... tudo. O jogo é dizer que você conseguiu algo. Qual é sua condição de existência. Existindo, a única realidade é o prazer".

As primeiras cinco ou seis vezes em que tomei LSD, aproveitei realmente. Pensei que todo mundo deveria tomá-lo. Talvez se o Presidente Johnson o tomasse poderia mudar sua percepção da guerra no Vietnã. Minhas experiências dessa época confirmaram ser verdade o que eu sentia, confirmaram o que eu havia lido, podia relacionar com facilidade tudo isto a várias literaturas místicas. William Blake estava certo. O paraíso estava na terra. Tudo estava vivo. Tudo era lindo.

Sentia uma certa união com pensamentos e sensações que eram puros, como se estivessem sendo experimentados pela primeira vez, infantis. Não havia nenhuma sensação de tempo. Isto se tornou uma espécie de energia, como uma vela ardendo — um continuo. Comecei a ter alucinações de formas. Se olhasse para um objeto, inesperada e repentinamente, ele explodiria, transformando-se num lindo terreno — jardim de movimento, cor, luz, calor. Voltando a mim da embriaguez, poderia examinar meus problemas e pareceria que podia resolve-los.

Depois, na minha quinta viagem, tomei 500 microgramas e realmente fique fora de mim. Fiquei tão alto que não tinha nenhum pensamento, nem peso, nem identidade, nem função. Pensei que era o meu Satori. Olhei para uma gaivota e repentinamente ela consumiu meu ser, como se eu tivesse sido engolfado pelos seus olhos. Gritei: "Socorro!" Veio de alguma caverna profunda no meu interior, explodindo no ar, penetrando nele e parecendo ter presença, peso, como se eu pudesse tocá-lo. Isto era muito assustador.

Meu amigo tentou confortar-me sem resultado. Agarrei meu cobertor e corri para a praia e voltei, cobrindo minha cabeça com o cobertor, tentando encontrar segurança e firmeza. Percebi que não podia fugir e que deveria me arranjar. Pareceu-me ir tão alto, cada vez mais alto, a tal ponto que tentei relaxar para descobrir o que estava acontecendo.

Aquela coisa gelatinosa da neblina durante minha primeira viagem estava ainda mais forte, me deixando uma impressão mais profunda, tudo era gelatina, apenas gelatina. Não era horrível, mas havia gelatina demais. Então, as relações espaciais mudaram. Agora, eu não via formas, mas parecia que eu era apenas um par de olhos numa coisa flácida, olhando; era tudo que eu podia fazer, tudo apontado aos meus olhos.

Tudo se relacionava. O ar tremia à minha volta, vinha aos meus pulmões e saía novamente; mas o que estava acontecendo? Eu ia morrer? E, de repente, isto não fez a mínima diferença, porque eu estava lá, eu estava na Terra, eu era parte dela, e eu estava consciente disso.

Assim sendo, disse uma espécie de adeus judaico alegre a mim mesmo, sorrindo como um Buda. Isto não fazia nenhuma diferença; eu sou um rochedo. E assim como estava me acostumando com a idéia, posso dizer que ela me abateu de súbito e foi aceita subitamente, tão vagarosamente a grande convicção à qual havia-me aferrado começou a se desvanecer.

Aquela noite, guiamos o carro através de Los Angeles, analisando os sinais luminosos que brilhavam como os rochedos que eu havia visto naquele dia. Senti que não queria passar novamente por aquêle tipo de coisa, aquêle tipo de morte-iluminação, sòmente o olho observando; era demais.

Depois que tomei mais LSD, diminuímos a dose e nos parecia que éramos capazes de seguir nossos pensamentos de muito perto. Parecíamos capazes de vivenciar o que acontecia e como acontecia. O mundo do LSD parecia abrir-se e podíamos conversar coerentemente, mesmo quando estávamos muito altos.

É como quando você fuma maconha pela primeira vez, você fica totalmente por fora. Depois, você se habitua, processos mentais são estimulados. Você faz desenhos maravilhosos, você escreve poemas maravilhosos, é como um truque bem diferente e elevado. E você estéve no meio das alucinações. É como um filme mental; você quer algo mais misterioso e real.

Como uma vez, quando eu estava dopado com alguns amigos, nós estávamos andando por aí, chovia, e nos sentamos embaixo de uma construção e um dos meus amigos disse que estava esperando e procurando por algum símbolo, algum sinal, alguma ponte para passar para outra dose, isto soou bizarro e engraçado.

Depois de um certo tempo, quando você já fez sete ou dez viagens, passa a se dedicar completamente ao mundo do ácido. Você não se entusiasma de verdade, se engaja ou se interessa por mais nada além do mundo da percepção que o LSD oferece. Ele continua se transformando. Não realmente se transformando, mas você se lembra muito bem de tudo o que está acontecendo. Você se torna seu próprio guia de um modo absoluto. Você sintoniza um programa de música na TV, mas tudo o que você está realmente fazendo é sintonizar.

Assim, você tenta pintar alto, mas não dá, sua mente vai rápido demais, você está trabalhando rápido demais. Você pensa que a melhor coisa a fazer seria algo parecido com caligrafia chinesa, mas você não o faz, você faz alguma pintura intelectual. Você se pergunta por quê.

Seu amigo vai a um psiquiatra e lhe receitam Prolixin, um excitante psíquico para lhe dar energia e deter as más associações que ele formou. Porque quando se fica sóbrio, você se sente terrivelmente deprimido, sem motivação e isolado. Você imagina sensações de LSD sem tomá-lo, ou alguns dizem que o puseram na sua bebida e você faz loucuras durante tôda a noite, e apesar de saber que não fizeram isto, você não consegue parar. E não é agradável, porque são tôdas as coisas más, você sòmente está sendo sujeito a uma série de sensações más.

Você não toma LSD durante um longo período. Mas, mesmo assim, não se sente melhor. Ele não lhe faz falta, mas você não se sente vivo, realmente vivo. E então, depois de três meses de Prolixin, você toma um pouco de ácido. Você o toma com alguns amigos. Você fica alto. Você nunca ficou tão alto antes. É muito estranho, você não pode segui-lo: é uma cena totalmente nova, e porque é nova há dificuldade em aceitá-la. Não é de maneira alguma a mesma coisa, e você começa a fazer perguntas, como: quanto tempo vai durar, ou, quando é que eu vou ficar alto? E seus amigos não dizem nada de início. Eles gozam — não sabem nada: pode durar dias ou semanas; é realmente um negócio de alucinar; talvez você nem sobreviva.

Digo a mim mesmo "Ho-Ho!" tentando assim me resignar e ficar calmo, mas não me sinto bem. Tenho calafrios. Volto para ver meus amigos novamente. Êles não dizem nada; parece que um alucinou. Eles nem sequer me ouvem; não tomam conhecimento de minha presença.

Volto a êste quarto em que estou e olho na janela, é noite e é um mundo sapo verde tenebroso. Depois me levanto e tomo uma dose menor. Imagino como se estivesse tentando me livrar disso, e depois eu imagino que veria melhor se eu esfriasse com isso, porque não quero ficar paranóico.

Volto ao outro quarto, meu amigo está dançando, brincando feliz com o ar... Então eu sento-me e de repente começo a alucinar. Tudo é como antes, me envolvendo, mas é realmente enlouquecedor — muito mais forte do que antes. Agora, tudo é espaço, vastos universos, galáxias, infinito ondulante e gelatinoso.

Estou absolutamente perdido. Não estou feliz. Estou irritado, profundamente cansado, até mesmo aborrecido. Decido ir embora. No momento em que piso fora, fico mais alto. Realidade demais. A chuva fala. As plantas são coisas verde-violeta com penugem côr-de-rosa, e tudo é tão vasto, uma polegada é um milhão de milhas de espaço.

Engulo um Prolixin. Tenho que urinar. Urino andando, tenho mêdo de parar, é demais. Em meu apartamento, acendo todas as luzes. Cubro-me com cobertores e estou pensando: "O que é isto, realmente?" Ouço no rádio uma conversa sôbre o Vietnã, uma espécie de *sketch* que meu amigo havia acabado de representar antes de eu ter ido embora. E então, pimba!, estou ficando mais alto, um outro estágio de um foguete que dispara.

Quem são meus amigos realmente? Tudo o que posso pensar é lavagem cerebral. Não é como perda do ego. Não é como antes. É como uma grande esponja sendo espremida.

Então, coisas gozadas começam a acontecer. Meu coração começa a bater diferente. Meus rins sentem como último prazer de uma superfície suave e luxuriante, como um batom. Atinge todos os meus órgãos dêste modo. Não quero ter alucinações — é apenas um enorme mundo gelatinoso.

Então, começo novamente a pensar em meus amigos e lembro que um dêles é misterioso, como êle realmente ganha a vida, de onde êle é realmente, e êle tem um pouco de anarquista, leu tôda a literatura de esquerda que existe, não que isso prove alguma coisa, além de que êle talvez a tenha lido. Considero outros fatôres relativos à personalidade dêsse cara e concluo que pode ser que êle esteja recrutando pessoas para eventualmente destruir os Estados Unidos. E se êles me acham disposto a isso, não faz nenhuma diferença, porque o ácido vai mudar as coisas ou pode ser que êles venham, e façam algum teste, e se eu falhar, êles me matarão.

Eu realmente acredito em tudo isto, e ao mesmo tempo isto é ridículo. Estou fazendo um carnaval porque quero novas sensações. Quero mistério. Então, começo a peidar e isto provoca coisas novas em minha mente. Sinto que tudo se esticou; aí está o mais glorioso saco de merda do mundo. De manhã, reencontro meus amigos. Ficam contentes de me ver. Esqueço tudo sobre a viagem noturna quando os vejo. Sentamos em roda e fumamos erva o dia todo. Duas tragadas, uma euforia agradável. Será que eu desliguei? Estou ficando sensível? O que aconteceu realmente?

Aquela foi minha última viagem de ácido. Estou agora na hipnose, e isso está me fazendo muito bem. Não penso em meus problemas. Estou começando a funcionar realmente, a estar totalmente consciente do que estou fazendo, mas não observando, apenas fazendo, engajando-me.

O LSD faz você mais consciente, mas o que sobra são os problemas, realmente desagradáveis, doentios, problemas de alucinação. No começo há luz, alegria, mas você não fica contente e seu espírito se estende. Estende-se de um jeito engraçado. Eventualmente você será capaz de seguir a experiência como ela acontece — refletir sôbre ela. Porque aquilo é onde você, como pessoa, está, você quer saber.

E nesse ponto, o LSD não é aquilo que Alpert e Leary dizem dele. Sua percepção não só muda na baixa realidade, mas também na alta. E a luz que você vivencia no começo, não se torna o guia no fim. O Buda em você não aceita fácil ou alegremente a morte do LSD — êle não se adapta ràpidamente. Uma parte de você não quer se deixar levar, quer pensar, refletir sòbre sua própria imaginação. E por que de nôvo? O que você está perguntando de nôvo? Você não tem tôdas as respostas?

Você está apenas se dopando outra vez, mas há algo que não quer fazer a viagem... É uma outra parte real de você, sua identidade, seu ego, o que você possui, as coisas de que você precisa para funcionar, sua experiência, sua entrega à vida... Estas são as coisas preciosas que estão sendo destruídas pelo LSD. O LSD é um delicioso sanduíche de morte, e morte é paranóia.

Talvez a gente precise ser extrovertido com o LSD. Eu o levei pra dentro. Eu o levei pro lado pessoal.

Conheço uma menina que tomou LSD três vêzes e teve experiências boas, felizes. Um ano depois ela não acredita em seus amigos, não pode entender o que êles realmente pensam. Sente-se isolada. Um pequeno mêdo com o qual se trata sob a influência do ácido, pode tornar-se centro a partir do qual a gente reage mais tarde. Ou o modo como se apresenta num tempo particular, como no meu caso, mundo gelatinoso, se torna uma notável associação, contra a qual eu tive que aprender a lutar.

Ou um amigo toma um pouco de ácido. E você pressente num relance que êle vai fazer uma viagem má. E sôbre isso, você não faz nada de realmente definido. Você diz algumas coisas que espera sejam tudo o que êle precisa, mas, no fundo, você sabe que algo está acontecendo, algo de mau. Então, você desliga. Você deixa prá lá.

Por que é que você jogou fora sua responsabilidade, sua amizade? Isso não faz teu gênero. Porque você gosta de verdade do teu amigo. Você o respeita. Mas acontece que você deixou que ele escorregasse pra fora de teu campo, e ele fica maluco e passa os seis meses seguintes tentando entender o que aconteceu. Daí acontecem dramas com a lei e com a família.

Allen Ginsberg é contra o LSD. Bob Dylan diz que é remédio e pede que se tenha cuidado. William Burroughs, que experimentou todas as espécies de drogas, não gosta do LSD.

O LSD não é o tipo de consciência que eu estou procurando, e concordo com Ginsberg quando ele diz: "Tenha mais consideração consigo mesmo, Harry".

9. AS OUTRAS DROGAS

O uso e abuso do LSD não é uma manifestação isolada. É mais como a crista de uma gigantesca onda do uso de drogas que vem se encrespando e crescendo nos Estados Unidos durante os últimos quinze anos. Como nação, os americanos ficaram obcecados por drogas de tôda espécie: alucinógenos, estimulantes, depressivos, tranqüilizantes, e tudo o mais que pode causar ou mudar um estado de espírito. Absorvem pílulas, engolem cápsulas, mastigam tabletes, cheiram cola e bebem todo tipo de bebidas alcoólicas em quantidades que estão além da imaginação. As estatísticas são espantosas.

Há cinco milhões de alcoólatras em setenta milhões de bebedores sociais. Há dez milhões de pessoas que fumam marijuana. Uns dez milhões de indivíduos tomam anfetaminas (estimulantes). Um número duas vezes maior toma barbitúricos (pílulas hipnóticas). Outros três milhões engolem tranqüilizantes. As crianças cheiram cola e bebem remédios para tosse à base de codeína em quantidades assustadoras. E encurralados nos mais profundos abismos, há sessenta mil viciados em heroína.

Os mil fabricantes de drogas que lidam com anfetaminas e barbitúricos colocam em circulação 13 bilhões de doses por ano, o suficiente para fornecer a cada homem, mulher e criança dos Estados Unidos 24 doses de pílulas para dormir e 35 doses de pílulas estimulantes. Pelo menos metade dessas pílulas, cápsulas e tabletes, acabam por encontrar seu caminho para o mercado-negro. Em 1965, havia mais de 100 milhões de receitas preenchidas para drogas dos dois tipos. E pelo menos dois milhões de pessoas usam anfetaminas, barbitúricos e tranqüilizantes anualmente, sem ter nunca visto um médico ou recebido uma receita. Asseguram um tráfico de 250.000.000 de dólares por ano no mercado-negro.

Só os barbitúricos são responsáveis pelo número pouco variável de três mil mortes por ano. A morte trágica da atriz Marilyn Monroe em 1962 demonstrou dramaticamente os perigos dos barbitúricos e a facilidade com que podem ser obtidos. Ao testemunhar frente a uma subcomissão do Senado que investigava o abuso de drogas perigosas, o Dr. Joel Fort, da School of Criminology, da University of California, disse o seguinte sobre a morte de Marilyn:

"Apesar de há muito tempo haver provas de instabilidade e severa depressão, os médicos de Miss Monroe, inclusive um psicólogo, vinham prescrevendo barbitúricos há muito meses, prescrevendo-os em grande quantidade, muito acima do uso comum, e prescrevendo ao mesmo tempo outros sedativos e tranqüilizantes. Permitiram que ela recebesse novamente receitas que prescreviam grandes quantidades, num curto período de tempo — cinqüenta cápsulas de pentobarbital obtidas pouco antes de seu suicídio, apenas alguns dias após a compra de outras 50".

As anfetaminas não são menos perigosas. Jack Ruby, o homem que matou Lee Harvey Oswald, contou à polícia que estava tomando grandes quantidades de anfetaminas na tentativa de perder pêso antes do assassinato.

E os perigos não terminam aí. O ex-comissário da Food and Drug Administration, George P. Larick, diz que o uso de barbitúricos e anfetaminas numa "base de experimente você mesmo, contribuiu para o crescente aumento da taxa de mortes em nossas rodovias, delinqüência juvenil, crimes bizarros e violentos, suicídios e outros comportamentos anti-sociais". Provavelmente não há registro de um caso mais bizarro que o de um chofer de caminhão de longa distância que subiu para a cama-beliche da cabine do veículo e foi dormir sem se incomodar em pará-lo. O caminhão foi de encontro a vários postes e ficou quase destruído. O chofer, que vinha tomando anfetaminas há dois dias para permanecer acordado, sobreviveu. Contou à polícia que estava certo de que outra pessoa estava guiando o caminhão, quando êle foi dormir.

Como acontece com a maioria das drogas que são usadas incorretamente (a heroína é uma exceção), tanto anfetaminas quanto barbitúricos são úteis quando tomados em doses apropriadas e sob contrôle médico. As anfetaminas são indicadas para problemas de pêso (controlam o apetite) e para depressões leves. Os barbitúricos têm o efeito oposto e são usados para pacientes com esgotamento nervoso e para aquêles que têm problemas de sono. Outra importante diferença entre as duas drogas é que os barbitúricos, em superdoses, podem matar e viciam.

Médicos do govêrno, trabalhando no Addiction Research Center, em Lexington, Kentucky, mostraram que os barbitúricos desenvolvem tolerância no usuário e provocam dependência fisiológica e psicológica, as três características do vício em narcóticos. Os viciados em barbitúricos e tranqüilizantes apresentam sintomas semelhantes aos de uma pessoa que bebe quantidades excessivas de álcool — euforia seguida de lentidão e fala difícil e, afinal, perda de consciência. O viciado médio em tranqüilizantes precisa de uma dose de 20 a 40 pílulas (60 a 100 miligramas) por dia para alimentar seu hábito — barbitúricos tais como secobarbital, pentobarbital, amobarbital e fenobarbital — que são vendidos sob os nomes comerciais de Seconal, Nembutal, Amital, Luminal e Tuinal. As pílulas circulam por 10 a 50 centavos cada, dependendo do tráfico no mercado--negro. O vício pode custar até 20 dólares por dia.

O risco com barbitúricos é grande. Os "cabeças de pílula" de tranqüilizantes tendem a esquecer quando tomaram a última dose. Superdoses ocorrem amiúde. E uma combinação de álcool e barbitúricos pode ser fatal mesmo em pequenas quantidades. A morte recente da jornalista Dorothy Kilgallen foi um dos casos. A supressão da droga também pode ser fatal, o que não acontece com a supressão da mais poderosa heroína, que é dolorosa e traumatizante, mas raramente faltal. Um viciado em barbitúricos apresenta sintomas como dores de cabeça, ansiedade e náusea depois de vinte e quatro horas sem pílulas. Tem 75% de possibilidades de entrar em convulsões, o que pode ser fatal depois de quarenta e oito horas sem a droga. A única maneira segura de ir eliminando o vício é reduzir gradualmente a dose, num período de seis a oito semanas.

Por outro lado, com anfetaminas, não existe nenhum vício físico. Mas uma pessoa que usa estimulantes pode desenvolver e desenvolve tolerância (necessidade de doses maiores) para a droga e dependência psicológica. Sempre que quiser parar, êle pode fazê-lo, com efeitos paralelos mínimos — dos quais os piores são acessos de ansiedade. Isto não quer dizer que uma pessoa não possa viciar-se na droga. Mesmo em doses pequenas, as anfetaminas dão ânimo e um sentimento de confiança ao usuário, um estado que pode viciar psicològicamente. Os efeitos paralelos da droga tomada em grandes doses vão da insônia à agressividade, aproximando-se da paranóia, especialmente quando os efeitos da droga se atenuam. Violentos atos criminosos atribuídos aos que usam estimulantes são geralmente o resultado dêsses efeitos posteriores.

Três rapazes de Chicago, presos em 1964 por terem matado um velho, eram viciados em estimulantes. Aparentemente, o crime era a conseqüência da procura de dinheiro para comprar mais pílulas. As pílulas (em doses de 5 a 10 miligramas) custam aproximadamente seis centavos cada, quando compradas com receita. Mas, no mercado-negro, o preço por pílula oscila de 10 centavos a 1 dólar, dependendo das condições do mercado. Alguns viciados tomam até vinte e cinco pílulas de cada vez. A dose diária usual de um viciado pode ser até de 150 pílulas.

A multi-habituação também é um perigo. Os que utilizam a anfetamina freqüentemente tomam barbitúricos para aliviar os efeitos subseqüentes das pílulas estimulantes, e os que usam tranqüilizantes algumas vezes tomam anfetaminas para agüentar um dia, quando precisam funcionar em sociedade. Atôres de Hollywood e outras pessoas sob constante tensão estão propensos ao ciclo barbitúrico-anfetamina-barbitúrico. O tema foi abordado, à moda dos *best-sellers,* por Jacqueline Susann, em *O Vale das Bonecas,* tratando dos meios dos viciados em pílulas de Hollywood.

O mercado-negro de anfetaminas e barbitúricos e, em menor extensão, tranqüilizantes, é similar ao de alucinógenos no que respeita ao fato de não ser controlado pelas organizações criminais interessadas em drogas. Na verdade, há interêsses criminosos organizados envolvidos no mercado-negro das pílulas, mas boa parte das vendas ilícitas é controlada por amadores. Grande parte do estoque do mercado-negro é feito com mercadorias roubadas ou com drogas compradas de companhias marginais interessadas em lucros rápidos. A negligência do contrôle governamental no mercado de pílulas foi dramàticamente exposta em 1965, quando um jornalista de televisão de Nova Iorque montou uma companhia falsa e escreveu a cinqüenta e uma companhias de drogas, pedindo anfetaminas e barbitúricos. Sem perguntar nada, dezenove das companhias aceitaram seus pedidos para 1.075.000 pílulas. O preço do fornecimento foi 600,28 dólares. Ele poderia tê-las vendido no mercado legal por mais de 54.000 dólares. Seu valor no mercado negro é aproximadamente 500.000 dólares.

Outras fontes de fornecimento no mercado-negro de tranqüilizantes e estimulantes são médicos e farmacêuticos. Embora a maior parte dos médicos e farmacêuticos do país esteja fora de qualquer suspeita, existem aquêles que superpõem o dinheiro à ética. Num período de doze anos, de 1953 a 1965, aproximadamente mil farmacêuticos e trinta e quatro médicos foram presos por irregularidades no fornecimento de anfetaminas, barbitúricos e tranqüilizantes. Um dos casos mais escandalosos de comportamento antiético por parte de um médico se deu em Cincinnati, onde um doutor foi condenado por distribuir, num ano, 600.000 pílulas e tabletes para aproximadamente 1.000 clientes na base de pedidos por reembolso postal.

Um possível sinal das coisas que estão por vir é o fato de que o uso ilícito de estimulantes e barbitúricos para emoções, diversamente do nascente problema do LSD, tem implicações internacionais. O mercado-negro de pílulas está florescendo no Japão, Canadá, Inglaterra e Suécia. Como as pílulas estimulantes e tranqüilizantes começaram dez anos antes dos alucinógenos, pode ser que o LSD, como predizem alguns observadores, acabe por se tornar um problema internacional. De qualquer modo, o tráfico internacional de estimulantes e tranqüilizantes levou a Organização Mundial de Saúde e a Comissão das Nações Unidas para Drogas Narcóticas a pedir controle rígido do uso e distribuição das drogas, o que chamam de "perigo para a saúde pública".

Os problemas relativos à aspiração de cola para aeromodelismo e ao uso de remédios para tosse baseados em codeína se limitam quase inteiramente aos americanos mais jovens que não podem pôr as mãos em drogas mais fortes. Cheirar os vapôres de cola, essência para pintura, fluidos de limpeza, é extremamente perigoso e pode causar sérios danos a órgãos vitais como rins e fígado. Também existem registros de lesões incuráveis no cérebro e de várias mortes. Os efeitos são similares aos do álcool e dos barbitúricos (sonolência, vertigem, fala difícil etc). Não há nenhum modo de se medir a dosagem e o uso freqüentemente resulta em inconsciência ou, em alguns casos, em coma fatal. A codeína, um dos mais suaves derivados do ópio, é obtenível sem receita em vários remédios comerciais para tosse, tais como terpin-hidrato e codeína. Os nomes comerciais são Cotússis e Cheracol. Há 3,6 grãos de codeína numa garrafa de remédio para tosse de 120 cl. que geralmente é tomada de uma vez. O vício é raro, mas a mistura é bastante forte para que alguns viciados em heroína usem-na como substituto, quando a heroína está escassa. Apesar da codeína ser um narcótico de venda livre — não se precisa de receita — permanece uma droga perigosa quando tomada em quantidade.

Isto nos leva à heroína, *a droga do vício*.

Hoje, de acordo com o Federal Bureau of Narcotics, existem cerca de 60.000 viciados em heroína nos EUA. Alguns médicos dizem que o número deveria ser bem mais alto, talvez até 100.000. A heroína, ao contrário do LSD e dos outros alucinógenos, é a droga escolhida pelas minorias pobres e os socialmente desprivilegiados das áreas de gueto das grandes cidades. A grande maioria dos viciados em heroína são negros, pôrto-riquenhos e mexicanos. Aproximadamente metade dos viciados conhecidos estão nos cortiços de Nova Iorque. Na Califórnia do Sul, há entre 7 000 e 15 000 viciados em heroína. O que a heroína oferece a êstes cidadãos oprimidos é uma viagem rápida para fora de suas favelas e da inferioridade social, para um mundo de pura euforia. Pagam caro pela viagem.

Um viciado em heroína paga de 10 a 30 dólares por dia para manter o vício. Como, na maioria, os viciados são miseràvelmente pobres, não existe senão um modo de conseguir o dinheiro. Os viciados voltam-se para o crime. Os órgãos policiais calculam que um único viciado precisa roubar de 30.000 a 90.000 dólares em mercadorias por ano a fim de obter dinheiro suficiente para sua heroína. As viciadas geralmen'e voltam-se para a prostituição. O efeito de conjunto nas estatísticas de crimes é estarrecedor. Prisões de viciados por vários crimes, inclusive assassínios, são tão freqüentes em Nova Iorque, que o vício comumente é ignorado nos relatos de jornal sôbre as prisões.

Além disso, a base financeira do crime organizado nos EUA está firmemente encaixada na circulação e venda ilegal da heroína. O Federal Bureau of Narcotics calcula que a venda anual no mercado-negro supera a 350.000.000 de dólares. E todo o mercado da heroína é negro. Diversamente do que acontece com outras drogas, a heroína não é usada em medicina. Qualquer uso que pudesse ter como analgésico foi desprezado em favor da morfina, outro derivado do ópio, que aparentemente é mais adequado à tarefa. Portanto a heroína não é produzida por farmácias legais em nenhum lugar. Todo o processo da heroína, desde a raiz de ópio até a entrega da heroína ao viciado, é um trabalho criminoso. E os lucros são astronômicos. Dez quilos de ópio em bruto, que custam 350 dólares na Turquia, são vendidos aos viciados, no último estágio, depois de refinados e cortados, sob a forma de heroína, por $410.000 dólares. Isto significa um lucro de 117.000 por cento, e os traficantes podem vender ainda mais do que aquilo que conseguem negociar.

O viciado em heroína deve ter sua droga ou fica em apuros. Se está atrasado com a picada, seus olhos e nariz começam a escorrer e ele espirra, boceja e transpira incontrolàvelmente. Se não consegue obter a droga, o viciado tem uma reação física e psicológica severa, incluindo febre, inquietação aguda, espasmos, vômitos, diarréia e fortes dores de estômago. A reação mental é uma ansiedade aguda. Quando se trata de um viciado típico, os sintomas duram seis horas ou mais. Mas os sintomas de retirada em um viciado em heroína, contràriamente ao que se pensa geralmente, são menos severos que num viciado em álcool ou barbitúricos.

Um outro mito ligado com a heroína é que gradativamente a droga destrói o viciado. Isso não é verdade. A heroína em si não causa nenhum dano físico ou mental, nem mesmo no viciado de longa data. Três dias depois de abandonar o vício, o sistema de um viciado está tão livre de sintomas como se jamais tivesse tomado heroína. Entretanto, complicações tanto físicas quanto mentais realmente surgem de impurezas misturadas com heroína, de agulhas não-esterilizadas na administração da droga, e da deficiência alimentar sob efeito da droga.

Bem estranhamente, quando a heroína foi descoberta em 1898, pensou-se de início que não viciasse e foi usada extensivamente como cura para o vício da morfina. Foram precisos 10 anos para que os médicos descobrissem que a heroína, além de não ser uma cura para o vício da morfina, também viciava profundamente. Mas a essa altura a heroína se tornara a droga de eleição dos viciados. Essa ignorância inicial dos médicos quanto aos podêres de viciar da heroína é lembrada muitas vêzes por oponentes do LSD, afirmando que o tempo pode revelar o LSD como sendo tão viciador quanto a heroína. Os cientistas discordam, mas em alguns ambientes persiste o sentimento de que se erraram uma vez podem errar de nôvo.

Outro tema levantado freqüentemente na controvérsia sôbre o usuário do LSD — desta vez pelos defensores do LSD — é o álcool. Timothy Leary, o maior defensor do livre uso do LSD, disse em numerosas ocasiões que o álcool é muito mais perigoso que o LSD. "Se o álcool, uma droga extremamente perigosa, pode ser vendida legalmente, por que não o LSD?", diz Leary. "O álcool vicia, o LSD não. O álcool leva a um comportamento anti-social, o LSD não. O álcool é prejudicial ao corpo, o LSD não. O álcool contribui para a taxa de crimes da nação, o LSD não. Por que, então, o álcool é legalmente sancionado, enquanto o LSD é ilegal?"

É uma pergunta honesta. A resposta costumeira é de que basta uma droga no mercado. E o álcool é uma droga, e perigosa — não há dúvida sobre isto. Também é a droga de prazer mais amplamente usada e abusada no mundo ocidental.

Voltando às estatísticas, os setenta milhões de americanos que tomam bebidas alcoólicas de uma forma ou outra pagam cêrca de 12.000.000.000 de dólares por ano pelo privilégio de engolir 800 milhões de galões de uísque e vinho, noventa milhões de barris e seis bilhões de latas e garrafas de cerveja. Usado em quantidades pequenas, o álcool não é particularmente perigoso, apesar de poder causar algum enfraquecimento do juízo crítico e da coordenação de movimentos. Faz com que as pessoas relaxem e sintam-se suavemente eufóricas, mas isto sòmente em doses pequenas. O álcool é um depressivo e, em doses suficientes, amortece o sistema nervoso central. Também tem muitos outros efeitos, todos êles perigosos.

Primeiro, existe o alcoolismo. Existem cêrca de cinco milhões de americanos que sofrem da doença, e o número cresce de aproximadamente 200 mil por ano. Para qualquer outra doença, isto seria uma epidemia de proporções assustadoras. No resto do mundo, há 25 milhões de alcoólatras. Tôdas estas pessoas estão viciadas em álcool e precisam dêle tanto quanto o viciado em heroína precisa de sua injeção. E os sintomas de supressão num alcoólatra privado da droga são mais graves que os do viciado em heroína sem *sua* droga. Os sintomas agudos da supressão do álcool igualam-se aos da supressão da heroína, e depois continuam até as alucinações (*delirium tremens*), convulsões e mesmo psicoses tóxicas, se a droga foi abruptamente diminuída ou completamente suprimida. Além do mais, o uso prolongado de grandes quantidades de álcool, quer regular quer intermitentemente, pode causar danos irreversíveis ao cérebro, ao sistema nervoso e ao fígado. Os danos do álcool a longo prazo são maiores que os causados por outras drogas de prazer conhecidas.

E não termina aí. Motoristas bêbados são responsáveis por aproximadamente 15.000 mortes e 200.000 ferimentos por ano. Um terço do total de prisões no trânsito é composto por motoristas bêbados. Seis em dez no *total* de prisões são por crimes cuja origem pode ser traçada até a bebida. Um homem em dois na prisão cometeu seu crime depois de ter bebido. E o custo do comércio e indústria entre tempo perdido, acidentes e outras perdas ligadas ao álcool chega a 500.000.000 de dólares por ano.

É interessante notar que uma das maiores esperanças no uso do LSD no campo da medicina é no tratamento e cura de alcoólatras.

10. O SINAL DE PÂNICO

O LSD nunca teve de fato uma prece. Estava destinado aos cabeçalhos assustadores, à condenação pública e ao controle legal desde o dia em que foi fabricado. Os cientistas devem ter sentido isto. Eles o mantiveram como segrêdo de família durante quase vinte anos. Então apareceu Timothy Leary, e tudo se foi, menos a histeria. Se não fosse Leary, teria sido outro. Mais cedo ou mais tarde alguém, em algum lugar, teria adotado o LSD com base em tôdas as razões erradas. O LSD é dessa espécie de drogas.

O público já havia ouvido falar do LSD mesmo antes que Leary tivesse feito dêle o trabalho de sua vida, mas sòmente através de distantes rumores sôbre uma droga estranha e poderosa que podia ajudar pacientes mentais e afetar de tal modo os gatos que êles fugiam de ratos. Uma droga estranha, mas nada com que se preocupar. Leary mudou tudo isso. Quase sòzinho, Leary levou o LSD à proeminência nacional. Discursos sobre visões místicas, perda do ego e viagens através da mente eram misturados com histórias de farristas nus, suicídios e doenças mentais noturnas. Leary, o psicólogo que virou místico, orou pelo LSD e correu atrás de cabeçalhos a favor do LSD. E quanto mais êle lutava pelo uso livre da droga, mais escuras as nuvens da oposição cresciam.

O defeito fatal do LSD é a própria **natureza de** suas poderosas e desnorteantes capacidades de transformar a mente. A experiência é excelente para alguns e um passeio pelo inferno para outros, mas, qualquer que seja a experiência, está muito próxima da loucura e, segundo pensa a maioria das pessoas, é *anti-social*. Se o LSD não vicia e não causa efeitos secundários prejudiciais na maioria dos indivíduos, tanto pior. Diz um psicólogo proeminente: "A idéia de que as drogas possam produzir prazer sem qualquer dano **compensatório** não é compatível com nossa ética puritana".

A visão americana predominante sôbre drogas que transformam a mente e o estado de espírito sempre foram paradoxais. Por um lado, os americanos bebem mais álcool e engolem mais pílulas estimulantes e hipnóticas *per capita* do que qualquer outro povo do mundo. Por outro lado, tudo o que cheira a transformações místicas, visões, ou ausências de completo contrôle da mente, é tão antiamericano quanto o comunismo. Leary, um psicólogo brilhante, deveria saber disso. Talvez ele o soubesse. Leary também é um místico, e os místicos são conhecidos por não se importarem com o que o resto do mundo pensa. Assim, Leary pregou e conseguiu adeptos, primeiro intelectuais, depois os mais ousados universitários e depois mais universitários e depois os *beats* em busca de emoções e prazer e todo mundo que quisesse entrar no mesmo bote. A loucura era vendida por 5 dólares a dose. Os cabeçalhos eram grandes e negros. Todo mundo apertou o botão do pânico ao mesmo tempo.

Num período de quatro meses, no início de 1966, o govêrno federal proibiu a fabricação, distribuição e venda do LSD; o estado de Nova Iorque declarou ilegal até mesmo transportar ou distribuir LSD; a legislação que bania o LSD estava em discussão em outros quatro Estados; a Food and Drug Administration prevenia a tôdas as universidades e fabricantes de drogas da ameaça do LSD; os organismos da polícia preventiva estavam aparelhados e prontos para a guerra ao LSD; o único fabricante legal de LSD retirara a droga do mercado experimental, frustrando assim os poucos programas de pesquisa; e três subcomissões do Senado investigaram a "ameaça" LSD.

E só depois que tudo isso já tinha acabado foi que alguém se lembrou de parar e fazer uma pesquisa séria sôbre o suposto problema do LSD, tentando descobrir: 1) Qual a amplitude do uso real da droga? 2) Qual a magnitude do mercado-negro da droga que existia de fato? 3) Qual o perigo da droga? 4) Seria válida uma pesquisa sôbre a droga? 5) O LSD era realmente uma ameaça nacional?

Aparentemente, as únicas pessoas realmente atingidas pela queda maciça do LSD foram os pesquisadores médicos sérios. Numa declaração a uma subcomissão do Senado, a 24 de maio de 1966, o Dr. Gerald D. Klee, professor-associado de Psiquiatria da University of Maryland Medical School, disse: "Parece que os cientistas médicos são os únicos que têm dificuldades para obter LSD atualmente". Foi apoiado pelo Dr. Charles C. Dahlberg, um psiquiatra do Bellevue Hospital de Nova Iorque, que no dia seguinte disse à mesma subcomissão:

"O LSD é aparentemente tão fácil de fabricar que é difícil ver como a polícia pode controlar o problema... A atual histeria pública não pode levar a nenhum objetivo útil. Nada de bom pode resultar em orientar as energias da polícia para controlar jovens que não são criminosos, mas usam drogas menores."

Muitos médicos, especialmente os interessados em mais pesquisas sobre LSD, tinham opiniões similares. Bem estranhamente, muitos dêstes mesmos médicos haviam contribuído para a histeria pública, enumerando ponto por ponto os limitados perigos do LSD em vários jornais e revistas. Muitos, contudo, haviam moderado suas declarações, de modo a fazer com que a droga fôsse permitida na pesquisa médica, onde, todos eles concordavam, ela era relativamente segura. Mas, do modo como foi manejado pelos meios de comunicação, os perigos do LSD é que ficaram na crista. O subseqüente clamor público foi contra o LSD em tôdas as suas formas e usos. Havia mais de um homem da rua que via o LSD como uma ameaça tanto dentro quanto fora de um laboratório.

O contrôle federal inicial do mercado-negro do LSD foi legalmente sancionado pelo presidente Johnson a 15 de julho de 1965, mas não se tornou efetivo senão a 1º de fevereiro de 1966. Chamada Drug Abuse Control Amendments of 1965, a legislação agrupa drogas depressivas, estimulantes e alucinógenas no mesmo capítulo e transforma a fabricação, processamento, distribuição e venda de qualquer uma das drogas em crime federal passível de pena de um ano e multa de 1 000 dólares[1]. A penalidade é mais severa nos casos em que a droga é vendida a menores de vinte e um anos. Neste caso, a penalidade sobe a dois anos de prisão e 5 000 dólares de multa pela primeira infração e de 15 000 dólares e até seis anos de prisão por infrações subseqüentes. A posse do LSD em si mesma não é ilegal, de acordo com essas leis. Contudo, vários congressistas propuseram que a posse não autorizada de LSD fôsse declarada ilegal. E pelo menos um, o senador Thomas Dodd, de Connecticut, sugeriu que a fabricação de LSD fôsse considerado crime, com prazos de prisão mais severos.

No Estado de Nova Iorque, o LSD foi declarado ilegal a 1º de julho de 1965. A lei declara: "A posse, venda, troca ou distribuição de drogas ou preparados alucinógenos, por outros que não os fabricantes registrados ou médicos licenciados, que apresentam uma licença concedida pelo comissário de higiene mental para perceber tais drogas, constituirá uma violação..." As condenações abrangem penalidades até um ano de cadeia, 500 dólares de multa pela primeira infração, e dois anos de cadeia e multa de 1 000 dólares por condenação subseqüente. A lei foi considerada sufi-

---

[1] Nos EUA cada Estado tem uma legislação própria, conforme com a atitude mais ou menos liberal ou conservadora de seu governo e população. Se uns proíbem o jôgo, outros o permitem um crime estadual não é punível em outro estado etc. Essa legislação está sempre sujeita à legislação federal que, por sua vez, está sujeita à Constituição. (N. da T.)

cientemente severa até abril de 1966, quando dois casos levaram o pânico do LSD a uma nova al'ura.

Primeiro, uma garôta de cinco anos, de Brooklyn, Donna Wingenroth, acidentalmente engoliu um tablete de açúcar contendo LSD que seu tio de dezoi o anos havia deixado na geladeira. A criança, ora rindo ora chorando histèricamente, foi levada a um hospital onde lhe fizeram uma lavagem no estômago. Teve alta três dias depois, sem quaisquer efei*os posteriores aparentes. Vários médicos opinaram que a lavagem do estômago da criança era inútil e poderia ser uma experiência mais traumática que os efeitos do LSD. O tio de dezoito anos disse à polícia que havia comprado o tablete com LSD no Greenwich Village, por 5 dólares.

Uma semana mais tarde, a Sra. Florence Cooper, de 57 anos, foi encontrada mortalmente ferida no seu apartamento no Brooklyn. Entre os implicados no assassínio brutal estava o genro da mulher, Stephen H. Kessler, de 30 anos. Kessler, que já fôra interno de uma clínica para distúrbios mentais e expulso de uma escola de medicina, foi prèso e acusado de assassinato. A polícia afirmou que o suspeito dizia: "Matei minha mulher? Violei alguém? Que é que eu fiz? Pôxa! fiquei voando no LSD por três dias". Vários médicos duvidaram que Kessler tivesse cometido tal crime sob a influência do LSD, mas não o chamariam de mentiroso. Um dêles disse:

"Três dias é um tempo muito grande para ficar alto de LSD. Não que isto não possa acontecer, mas êle teria que ter tomado algumas doses maciças no segundo e terceiro dia para que acontecesse. Poderia dizer que é duvidoso que o assassínio possa ser atribuído ao LSD, mas com a história mental do homem e a dose maciça de que deve ter precisado no terceiro dia, suponho que seja remotamente possível. Só acrescentarei que seria bom investigar as possibilidades e a história do homem, antes de atribuir o assassínio ao LSD, como vi em alguns jornais."

O LSD, assassino ou não, apressou a New York State Legislature a considerar dois projetos de lei requerendo sentenças de prisão de vinte anos aos condenados por posse, venda ou distribuição de LSD. Pelo menos outros quatro Estados, entre êles a Califórnia, estão estudando leis e penalidades tão severas quanto as de Nova Iorque.

Em maio de 1966, a Drug Abuse Control Amendments de 1965 sofreu emendas de forma que provas de transporte interestadual de várias drogas, inclusive LSD, não seriam necessárias para condenação sob o estatuto federal. O movimento deu um outro instrumento ao relativamente novo Bureau of Drug Abuse Control, repartição para a execução da lei sob a direção da Food and Drug Administration. O Bureau não controla somente as atividades do mercado-negro do LSD mas também o relativo a anfetaminas, barbitúricos e tranqüilizantes. Espera-se que tenha 198 investigadores trabalhando em cinco regiões cujos centros seriam Atlanta, Chicago, Kansas City, Los Angeles e Nova Iorque. Os primeiros 150 investigadores foram treinados num curso especial de oito semanas, que terminou em agôsto de 1966, na University of California, em Berkeley, uma das escolas onde o uso do LSD pelos estudantes é supostamente o mais elevado. Não está registrado se os investigadores fizeram descobertas em seu período escolar.

As leis, portanto, estão nos livros, e os organismos de refôrço da lei, locais e federais, estão aí para fazer cumprir a letra da lei. Mas isso quer dizer que tudo o que é mercado de LSD será eliminado? A resposta é um não categórico. Reduzido, talvez. Mas destruído, jamais. As drogas não podem deixar de existir por decreto, enquanto existir alguém que irá pagar seu preço. Êles o tentaram com a heroína, e há sessenta mil viciados. Eles o tentaram com estimulantes e tranqüilizantes, e ainda há mais de trezentas mil pessoas engolindo pílulas em quantidades assustadoras. Êles o tentaram com a marijuana, e ainda há dez milhões de fumadores de maconha puxando sem parar. Eles o tentaram com o álcool, e desistiram.

O LSD provàvelmente será mais difícil de controlar do que tôdas as outras enumeradas acima. Desde que uma quantidade tão mínima de LSD com 3 gramas contém quase 300.000 doses de droga, é óbvio que o contrabando da droga e sua distribuição é realmente simples. Pode ser escondido em qualquer lugar. E é sem côr, sem gôsto e sem odor. Trabalhando sem informação prévia, qualquer organismo de refôrço da lei teria dificuldade em encontrar um esconderijo de LSD. É quase preciso que sejam informados exatamente onde está, ou então as chances de encontrá-lo são de fato escassas. Antes de 1966, investigadores de drogas e outros não conseguiriam reconhecer o LSD nem que tropeçassem nêle. Mas em maio, um método promissor para identificar até mesmo quantidades mínimas de LSD foi desenvolvido por Melvin Lerner, químico-chefe do U. S. Customs Service no distrito de Baltimore. Um instrumento de raios infravermelhos chamado gascromatógrafo é usado, e Lerner diz que êle trabalha perfeitamente. Não foi ainda usado num caso criminal.

Existe outro problema básico em qualquer tentativa para acabar com o uso ilícito do LSD. Diz respeito àqueles que tomam a droga. Como um detetive de narcóticos de Nova Iorque enfoca o problema:

"Olha, quanto à heroína ou às pílulas, você pode encontrá-las nos cantos ou pelo menos em certas áreas. Ficam agrupadas perto do lugar de fornecimento, que usualmente fica no Harlem ou no Brooklyn, ou pode ser no Village. Mas que diabo pretendemos fazer com o LSD? Onde o procuramos? Não podemos esquadrinhar tôdas as universidades e apartamentos caros. E mais ainda, quem está tomando LSD? Poderia ser qualquer um. Gente do Queens assim como do Village. Mesmo os fornecedores são na maior parte amadores. Não existe nenhuma mancha, nenhum traço, nada, mas tudo seria muito mais simples se os profissionais resolvessem se enfiar no negócio. Assim, teríamos algo em que trabalhar. De qualquer modo, o LSD tem sido muito barulho e pouca ação. Sinto que não é o problema que todo mundo diz que êle é."

Existem aquêles que concordam.

O Dr. Stanley F. Yolles, diretor do National Institute of Mental Health, chama as conversas sôbre epidemia de "exagêro". Declara: "Sabemos que está sendo usado, mas não creio que alguém tenha números sôbre o assunto". O Dr. Daniel X. Freedman, professor de Psiquiatria na Yale University, afirma:

"O problema parece ser irregular, pràticamente inexistente em muitas escolas e há nêle algo de mania; nos anos anteriores, soubemos de um certo número de manias relacionadas a diferentes substâncias fàcilmente adquiríveis, usadas para produzir experiências novas. O

LSD não é uma droga que leva as pessoas a cometer crimes para possuir; é simplesmente uma droga perigosa, na qual não se pode confiar, para experiências de não-profissionais... De fato, os viciados em drogas mais experientes — por exemplo, os viciados em narcóticos — relatam seus efeitos incertos e usualmente tendem a evitar a droga depois de uma experiência."

Mesmo o Dr. Donald B. Louria, membro da subcomissão sobre vício em narcóticos da New York Country Medical Society, e velho inimigo do uso extraclínico do LSD, chama a situação de "séria", mas afirma que "não é uma situação de crime, nem uma causa para histeria". E no campo da exigência da lei, o dire·or da divisão de contrôle do vício do Departamento de Polícia de Chicago, John R. Newrauter, afirma categoricamente: "A notoriedade atribuída ao LSD excede em muito seu uso real".

Bem estranhamente, a voz mais al·a que se levantou na afirmação de uma possível crise no uso do mercado-negro do LSD não foi outra senão a de Timothy Leary. Mas êle não está exigindo mais contrôle federal e estadual, está exigindo menos. Usa a pretensa crise para defender suas afirmações de que milhões estarão usando LSD dentro de dois ou três anos. "Dia a dia cada vez mais pessoas se voltam para o LSD", diz Leary que aparentemente percebe que precisa de apoio. De qualquer modo, a idéia de Leary é estabelecer uma Comissão de Educação Psicoquímica, a qual, em suas palavras, será "uma série dos melhores neurologistas, farmacêuticos, psicólogos, educadores e líderes religiosos que controlarão todo o campo da pesquisa psicoquímica". Supõe-se que Leary acredita que suas idéias místicas poderiam seduzir um tal grupo.

E assim a discussão continua. Existe uma crise do LSD ou não? Há necessidade de maior e mais severo con'rôle ou não? Existem muitas pessoas usando o LSD ou a maioria somente fala? As respostas podem demorar a vir. Nesse ínterim, os cientistas sérios relacionados com importantes pesquisas clínicas estão pràticamente marginalizados. Quando a Sandoz Pharmaceuticals, o único fabricante legal de LSD, retirou a droga do mercado em abril de 1966, matou vários projetos de pesquisa. O comissionário da Food and Drug Administration, James L. Goddard, testemunhando ante uma subcomissão do Senado, explicou o que acontecera:

"A 7 de abril de 1966, soubemos por telefone que a Sandoz planejava retirar seu patrocínio de investigações com o LSD e o psilocibin, um alucinógeno correlato, o mais cedo possível. Contaram-nos que a firma baseou suas decisões na reação pública aos usos ilegais da droga, uma reação que estava começando a atingir maiores proporções. A firma Sandoz queria livrar-se do LSD o mais cedo possível, uma política perfeitamente compreensível.

"Nesse momento surgiu um problema. Se a Sandoz, como único patrocinador legal, estava para abandonar o campo, todas as amostras de LSD deveriam ser recolhidas de todos os pesquisadores patrocinados pela Sandoz... Concordamos em recolher todas as amostras de LSD de todos os pesquisadores clínicos, com exceção de um número muito pequeno aprovado pelo National Institute of Mental Health e a Veterans Administration."

Isto reduziu os programas de pesquisa do LSD aprovados neste país de setenta e dois para doze.

Em defesa da atitude da Sandoz, o Dr. Craig Burrell, diretor-médico da filial americana da firma em Hanover, New Jersey, disse a um entrevistador:

"O LSD não tem nenhum lugar demonstrado na medicina. Você não encontrará ninguém que diga que o mundo precisa de LSD do mesmo modo que, digamos, precisa de penicilina. E nos últimos anos, tornou-se uma espécie impraticável de gigantesco e espantoso consumidor do tempo de profissionais. Cada vez que algo sobre o LSD aparece nos jornais, recebemos dúzias e dúzias de cartas de médicos, pedindo bibliografia, e esta já tem 25 centímetros de espessura. Já tivemos o caso de pessoas — um casal de estudantes de Harvard — que vieram à nossa porta pedindo amostras."

Não houve nunca a menor dúvida de que a Sandoz controlou a distribuição de LSD com o maior cuidado. Mas, como era o único fabricante legal da droga, houve um amplo falatório de que parte do LSD estava se encaminhando para o mercado-negro. Os funcionários do governo dizem que nada poderia estar mais longe da verdade. Contudo, depois de gastar milhões desenvolvendo e testando o LSD, a Sandoz não obteve nada senão dores de cabeça por causa do contrabando de LSD, que mantém o mercado-negro. É de admirar que a companhia não se tenha retirado da cena do LSD muito antes do que o fez.

Infelizmente, enquanto os místicos e caçadores de prazer podem obter seu LSD no mercado-negro, cientistas legítimos não o podem. E a pesquisa com o LSD está suspensa no limbo. Não existe um médico no país que não esteja desanimado com ésse rumo dos acontecimentos. Mesmo os inimigos mais vociferantes do tráfico do LSD no mercado-negro, defenderam a continuação da pesquisa clínica na aplicação do LSD a situações especificamente médicas.

"Não foi provado que o LSD é realmente útil no tratamento de distúrbios mentais, mas é sabido que éle pode ser prejudicial a homens", diz o Dr. Gerald D. Klee. "Disso não se depreende, contudo, que deveríamos abandonar qualquer investigação clínica com essa droga... É necessário experimentar com novos tipos de tratamento, mesmo se isso nos obrigar a enfrentar riscos calculados, caso queiramos obter maior sucesso no tratamento de pacientes."

O Dr. H. Martin Engle, diretor-médico da Veterans Administration, numa declaração ante uma subcomissão do Senado que investigava os abusos do LSD, disse: "Seria uma pena se a publicidade que acompanha o abuso da droga conduzisse a medidas precipitadas, que poderiam impedir a investigação científica do potencial promissor que o LSD parece ter no tratamento de algumas de nossas doenças mais desagradáveis e refratárias".

Talvez a razão prevaleça. Mas o LSD jamais será apenas uma outra droga. Isso já ficou provado e não há mais nenhuma dúvida.

11. DROGAS, GUERRA E GRANDE IRMÃO[1]

A pesquisa pode provar algum dia que o LSD é uma importante arma no arsenal médico. Também pode provar que o LSD não tem valor. Quaisquer que sejam os resultados da pesquisa, o LSD já encontrou seu lugar. Muito antes que a droga se tornasse assunto de acalorado debate nacional, suas possibilidades como um instrumento de guerra já haviam sido examinadas detalhadamente. Os militares gostaram do que viram. Silenciosamente e sem a fanfarra que o envolveria depois, o LSD deslizou disfarçadamente para o arsenal de armas químicas do país.

(1) Alusão ao ditador supremo do livro *1984* de G. Orwell. (N. da T.)

O arsenal é impressionante. Tem pelo menos treze gases mortíferos, trinta e duas doenças virulentas, duas formas de radiologia que penetram os ossos, vários extratos de plantas extremamente venenosas e uma seção relativamente nova de psicoquímicos. O LSD, pela primeira vez examinado quanto a seu potencial militar em 1955, é um importante membro do grupo psicoquímico. Com exceção dos gases usados na Primeira Guerra Mundial e do napalm introduzido na Segunda, nenhuma dessas armas químicas, biológicas e radiológicas (QBR) foi usada na guerra. Contudo, os EUA e tôdas as outras maiores potências do mundo têm um estoque de armas QBR, e cada uma sabe que as outras têm um estoque de armas QBR. Até agora, cada uma tem tido medo de usá-las, de medo que o outro lado passe a usá-las também. Até agora.

De qualquer modo, o LSD é um membro da família QBR. Isso não deve surpreender. Qualquer droga que em doses microscópicas pode reduzir a nada a mente humana, não deixaria de ser notada pelos militares. De fato, *qualquer coisa,* que seja capaz de matar ou incapacitar rápidamente e em pequenas quantidades deixaria de ser notada por êles. A guerra, parece, não tem mais nada a ver com armas, tanques, bombas e balas.

Discutindo o LSD e outros psicoquímicos num relatório de 1959, a House Committee on Science and Astronautics afirmou:

"Eles poderiam ser tão importantes que seria catastrófico não compreendê-los totalmente, e poderiam também oferecer um tímido raio de esperança em direção a uma forma de guerra menos total... O trabalho experimental, apesar de promissor, ainda está nos seus primeiros estágios, e até que os processos se tornem do conhecimento comum em outros países, não há nenhuma razão para desvendar sua natureza química exata."

Mais ou menos nessa época ficou claro que a natureza química exata de alguns psicoquímicos já era conhecida de pelo menos um país estrangeiro. O Major--General Y. U. Drugov, do Serviço Médico do Exército Vermelho, contou a um entrevistador: "Um interêsse especial prende-se aos chamados venenos psíquicos (mescalina, ácido lisérgico e derivados) que são agora usados para a simulação de doenças mentais".

O relato do Gen. Drugov aludia claramente a pelo menos um psicoquímico: o LSD. Dois experimentos realizados pelos militares, relacionados com o LSD, tiveram ampla publicidade e foram relatados na imprensa nacional. No primeiro, foi dado LSD a um gato chamado Speedy, que depois foi colocado em uma gaiola com um rato. Speedy tentou desesperadamente sair da gaiola. O rato o amedrontava mortalmente. No segundo caso, deu-se LSD a um pombo, e êle tentou chocar um homem, como se êste fôsse um ôvo. Quando o homem opôs resistência, o pombo se enfureceu e tentou atacá-lo.

Houve um terceiro caso que envolveu um grupo de soldados a quem foi dado LSD. Suas reações foram filmadas, e o filme mostrado a funcionários do Govêrno. Os funcionários relataram que o filme demonstrou que as tropas expostas a um dêsses agentes não ficavam sequer conscientes de sua condição anormal, que havia mudado tanto que êles não eram sequer capazes de seguir comandos simples e realizar tarefas normais com um cuidado aceitável e que "sòmente um intruso que se intrometesse entre êles reconheceria seu comportamento como excêntrico".

O General-Brigadeiro G. H. Rothschild (reformado), ex-comandante-chefe do U. S. Army Chemical Corp Research and Development, disse o seguinte sobre os efeitos do LSD:

"Pense-se no efeito do uso dêste tipo de material introduzido secretamente no quartel-general de uma unidade militar, ou abertamente numa grande organização! Alguns líderes militares percebem que não podemos pensar no uso dêstes materiais porque não sabemos exatamente o que acontecerá e nenhum resultado preciso pode ser predito. Mas imaginem onde estaria a ciência noje, se a reação ao experimento de qualquer coisa de nôvo tivesse sido: "Não experimentemos até que saibamos quais serão os resultados."

Ralph M. Goodman, cientista político que começou um estudo de armas psicoquímicas na University of Chicago em 1963, diz que o Exército dos Estados Unidos faz provàvelmente mais experimentos com alucinógenos do que qualquer outro grupo no país, inclusive os profissionais médicos. Acrescenta: "Com o desenvolvimento de sistemas de fornecimento efetivo, exércitos inteiros, comunidades e mesmo nações poderiam ser inutilizados em dois ou três dias."

Como o LSD é sem odor, sem côr e sem gôsto, existe até mesmo a possibilidade precisa de fazer chegar uma dose maciça a quase todos os membros do alto comando — generais, almirantes, prefeitos, senadores e até mesmo presidentes. Qualquer um entre tais líderes, nas garras de uma experiência com o LSD, não estaria em condições de tomar decisões racionalmente. Uma pessoa-chave, esteja no exército ou no governo civil, poderia enlouquecer as defesas do país em cinco minutos se um agente fizesse chegar a êle algum LSD. Mesmo ao nível de combate, o LSD poderia ser um fator decisivo. Conforme se afirma numa ordem do dia do Corpo Químico do Exército "se a habilidade de um homem para racionalizar tempo e distâncias puder ser enfraquecida, a sua manipulação de um jato ou de armas de fogo ou movimentação de tanques poderá ser seriamente atingida."

Infelizmente — ou felizmente, dependendo do ponto de vista — o uso do LSD e outros psicoquímicos mais secretos como armas, ainda não é uma ciência exata. Que eles são capazes de causar toda espécie de confusões, de ações irresponsáveis e acidentes até a violência e psicoses prolongadas, está fora de dúvida. Mas existem algumas desvantagens. A não ser enviando uma dose de LSD a um homem em seu café ou leite, não existe nenhum modo seguro de fazer chegar a droga às vítimas pretendidas. As dificuldades se multiplicam quando o alvo é um exército ou uma cidade.

Sistemas efetivos de fornecimento devem ser planejados antes que os produtos psicoquímicos se tornem uma ameaça. Alguns anos atrás, o Gen. William M. Creasy, um antigo oficial superior do exército dos EUA, disse que haveria necessidade de muito dinheiro e talvez dez anos para que os psicoquímicos fiquem prontos para um campo de uso em larga escala. Até então, êle disse, os agentes psicoquímicos como armas permaneceriam teóricos. O exército não está dizendo se houve sucessos, mas está trabalhando no problema.

Há muita gente que afirma que os psicoquímicos e outros incapacitantes não são mais benévolos que armas convencionais quando usados na guerra, apesar de não matarem e de seus efeitos, na maior parte, serem temporários. Comentando êsse aspecto da guerra QBR, um relatório de 1960 da Subcomissão do Senado para o Desarmamento dizia: "A escravização prática que poderia resultar seria tão deplorável quanto um ataque de surprêsa que resultasse em destruição física universal." Escravização é uma palavra forte, mas é bem possível que algum futuro Grande Irmão use o LSD e outros transformadores químicos da mente não para lutar na guerra, mas para controlar as mentes das pessoas. *1984* não está longe."

O Dr. James Lieberman, funcionário da Society for Social Responsability in Science, fêz o seguinte comentário em janeiro de 1962, no número do *Bulletin of the Atomic Scientists*:

"Suponhamos... que as armas efetivas psicoquímicas sejam um dia aperfeiçoadas como instrumentos de coação e contrôle. Podemos prever graves conseqüências políticas além da guerra. Um contrôle virtualmente completo do indivíduo pode vir a ficar com os governos ou com qualquer um que possua as armas. Em tais circunstâncias, um govêrno poderia aparentemente manter os mais nobres estatutos de liberdade política, enquanto estaria extinguindo sutilmente a expressão real da liberdade individual... Lavagem cerebral pode tornar-se uma especialidade dos químicos e outras técnicas rudes de sistemas totalitários podem ser substituídas pela tranqüilização em massa."

A possibilidade não é tão utópica quanto aparenta ser. O LSD é relativamente nôvo. Pode ter efeitos ainda não explorados. E que outra substância mágica será descoberta nos laboratórios nos próximos anos?

O conhecido psicólogo *behaviorista* de Harvard, Dr. B. F. Skinner, previu: "Num futuro não muito distante as condições motivacional e emocional da vida normal diária serão provàvelmente mantidas em qualquer estado desejado, por meio de drogas."

Que o LSD ou qualquer outro alucinógeno possa realizar êsse contrôle das emoções pelo próprio indivíduo é altamente improvável. Mas em conjunto com outras drogas e progressos futuros, não é impossível que se torne uma poderosa arma nas mãos erradas.

O falecido Aldous Huxley, que ressuscitou uma droga abrangente chamada "soma" como a arma política dos líderes em seu romance *Admirável Mundo Nôvo*, não estava muito seguro de que os cientistas não estivessem próximos da obtenção do soma, se não de fato, pelo menos em combinação com diversas outras drogas conhecidas. No seu ensaio de 1958, *Volta ao Admirável Mundo Nôvo*, Huxley afirmava:

"Agora existem tranqüilizantes fisiològicamente baratos, produtores-de-visões fisiològicamente baratos e estimulantes fisiològicamente baratos. É óbvio que um ditador poderia, se assim o desejasse, fazer uso dessas drogas para fins políticos. Ele poderia assegurar-se contra a revolta política, transformando a química dos cérebros de seus súditos, e assim tornando-os satisfeitos com sua condição servil. Poderia usar tranqüilizantes para acalmar os excitados, estimulantes para levantar os indiferentes, e alucinógenos para distrair o desventurado de suas misérias. Mas como, pode-se perguntar, o ditador conseguirá com que seus súditos tomem as pílulas...? Com tôda probabilidade, será suficiente a mera colocação das pílulas ao alcance do bôlso de todos."

Huxley prossegue dizendo que, sob uma ditadura, tôdas essas drogas transformadoras da mente e das emoções serão vendidas em tôdas as farmácias para qualquer um que deseje comprá-las. Seriam muito baratas e adquiríveis sem receita. Sob as ordens do ditador, a farmácia poderia fazer promoção desta ou daquela droga, dependendo do estado de espírito que o ditador desejasse produzir. Nos tempos de crise nacional, seria a vez dos estimulantes. Tranqüilizantes e alucinógenos seriam promovidos entre as crises, para manter a população feliz.

Parece ser uma visão exagerada do futuro. Mas será realmente? Pelo menos nos EUA é sòmente uma questão de grau. Os americanos já tomam quantidades espantosas de drogas para mudar o estado de espírito, apesar de serem necessárias receitas e existirem tôdas as espécies de leis contra as drogas no mercado-negro. Imaginem se estimulantes, tranqüilizantes e LSD estivessem à disposição m tôdas as esquinas, para todo mundo que os quisesse. Isso não seria significativo? Talvez, sob êsse aspecto, a visão de Huxley não esteja muito longe da realidade. Mas existem esperanças quanto ao futuro. Há médicos que afirmam que drogas, mesmo tão poderosas quanto o LSD, não têm o poder de transformar a mente do homem, pelo menos no sentido do contrôle da mente. Um dêles é o Dr. J. A. C. Brown da Inglaterra, um psiquiatra que tem escrito muito sôbre o assunto. O Dr. Brown sustenta que o homem sob os efeitos dos chamados soros da verdade pode mentir tanto quanto fora do efeito de drogas. Também é da opinião de que a droga a ser usada no contrôle de pessoas ainda não foi inventada. E, ainda mais, não acredita que seja descoberta algum dia. O Dr. Brown diz:

"Deve-se mostrar que estas novas descobertas [alucinógenos], úteis como o são na psiquiatria, podem ter pouca ou nenhuma função nos esquemas de indivíduos ou grupos malévolos, cuja intenção é manipular mentes normais. É certo que até agora não existem tais drogas e é altamente improvável que drogas tenham tido qualquer função em erros judiciários, confissões forçadas, técnicas de lavagem cerebral ou doutrinação política."

O Dr. Brown afirma que sòmente pessoas cooperativas podem ser levadas a reagir a qualquer coisa que afete a mente do indivíduo com transformações desejadas de estado de espírito ou de personalidade em qualquer período de tempo. Efeitos temporários podem ser produzidos, de acôrdo com o Dr. Brown, se a droga é suficientemente poderosa e as condições são favoráveis, mas não até o grau em que a polícia e os políticos possam tirar qualquer proveito. É uma posição animadora.

O que ferve nisso tudo é que as drogas que afetam a mente são espantosas, e o LSD é uma das mais espantosas entre tôdas elas. Mas as drogas não são mágicas, nem são vontade de Deus ou a cozedura do diabo. Simplesmente *são*. Se o LSD pode causar visões paradisíacas em alguns, experiências infernais em outros, mêdo naqueles que nunca o experimentaram, relações entre o presente e o futuro em muitos, pode ser que os experimentadores sejam incoerentes e não a droga. O Talmude diz isto bem claramente: *Nós não vemos as coisas como elas são, nós as vemos como nós somos.*

COLEÇÃO DEBATES

1. *A Personagem de Ficção*, Antonio Candido e outros.
2. *Informação, Linguagem, Comunicação*, Décio Pignatari.
3. *Balanço da Bossa e Outras Bossas*, Augusto de Campos.
4. *Obra Aberta*, Umberto Eco.
5. *Sexo e Temperamento*, Margaret Mead.
6. *Fim do Povo Judeu?*, Georges Friedmann.
7. *Texto/Contexto*, Anatol Rosenfeld
8. *O Sentido e a Máscara*, Gerd A. Borheim.
9. *Problemas da Física Moderna*, W. Heisenberg, E. Schrödinger, M. Born e P. Auger.
10. *Distúrbios Emocionais e Anti-Semitismo*, N. W. Ackerman e M. Jahoda.
11. *Barroco Mineiro*, Lourival Gomes Machado.
12. *Kafka: Pró e Contra*, Günther Anders.
13. *Nova História e Novo Mundo*, Frédéric Mauro.
14. *As Estruturas Narrativas*, Tzvetan Todorov.
15. *Sociologia do Esporte*, Georges Magnane.
16. *A Arte no Horizonte do Provável*, Haroldo de Campos.
17. *O Dorso do Tigre*, Benedito Nunes.

18. *Quadro da Arquitetura no Brasil*, Nestor G. Reis Filho.
19. *Apocalípticos e Integrados*, Umberto Eco.
20. *Babel & Antibabel*, Paulo Rónai.
21. *Planejamento no Brasil*, Betty Mindlin Lafer.
22. *Lingüística, Poética, Cinema*, Roman Jakobson.
23. *LSD*, John Cashman.
24. *Crítica e Verdade*, Roland Barthes.
25. *Raça e Ciência I*, Juan Comas e outros.
26. *Shazam!*, Álvaro de Moya.
27. *Artes Plásticas na Semana de 22*, Aracy Amaral.
28. *História e Ideologia*, Francisco Iglésias
29. *Peru: da Oligarquia Econômica à Militar*, A. Pedroso d'Horta.
30. *Pequena Estética*, Max Bense.
31. *O Socialismo Utópico*, Martin Buber.
32. *A Tragédia Grega*, Albin Lesky.
33. *Filosofia em Nova Chave*, Susanne K. Langer.
34. *Tradição, Ciência do Povo*, Luís da Câmara Cascudo.
35. *O Lúdico e as Projeções do Mundo Barroco*, Affonso Ávila.
36. *Sartre*, Gerd A. Borheim.
37. *Planejamento Urbano*, Le Corbusier.
38. *A Religião e o Surgimento do Capitalismo*, R. H. Tawney.
39. *A Poética de Maiakóvski*, Boris Schnaiderman.
40. *O Visível e o Invisível*, M. Merleau-Ponty.
41. *A Multidão Solitária*, David Riesman.
42. *Maiakóvski e o Teatro de Vanguarda*, A. M. Ripellino.
43. *A Grande Esperança do Século XX*, J. Fourastié.
44. *Contracomunicação*, Décio Pignatari.
45. *Unissexo*, Charles F. Winick.
46. *A Arte de Agora, Agora*, Herbert Read.
47. *Bauhaus: Novarquitetura*, Walter Gropius.
48. *Signos em Rotação*, Octavio Paz.
49. *A Escritura e a Diferença*, Jacques Derrida.
50. *Linguagem e Mito*, Ernst Cassirer.
51. *As Formas do Falso*, Walnice N. Galvão.
52. *Mito e Realidade*, Mircea Eliade.
53. *O Trabalho em Migalhas*, Georges Friedmann.
54. *A Significação no Cinema*, Christian Metz.
55. *A Música Hoje*, Pierre Boulez.
56. *Raça e Ciência II*, L. C. Dunn e outros.
57. *Figuras*, Gérard Genette.
58. *Rumos de uma Cultura Tecnológica*, Abraham Moles.
59. *A Linguagem do Espaço e do Tempo*, Hugh M. Lacey.
60. *Formalismo e Futurismo*, Krystyna Pomorska.
61. *O Crisântemo e a Espada*, Ruth Benedict.
62. *Estética e História*, Bernard Berenson.
63. *Morada Paulista*, Luís Saia.
64. *Entre o Passado e o Futuro*, Hannah Arendt.
65. *Política Científica*, Heitor G. de Souza, Darcy F. de Almeida e Carlos Costa Ribeiro.
66. *A Noite da Madrinha*, Sergio Miceli.
67. *1822: Dimensões*, Carlos Guilherme Mota e outros.
68. *O Kitsch*, Abraham Moles.
69. *Estética e Filosofia*, Mikel Dufrenne.
70. *O Sistema dos Objetos*, Jean Baudrillard.

71. *A Arte na Era da Máquina*, Maxwell Fry.
72. *Teoria e Realidade*, Mario Bunge.
73. *A Nova Arte*, Gregory Battcock.
74. *O Cartaz*, Abraham Moles.
75. *A Prova de Gödel*, Ernest Nagel e James R. Newman.
76. *Psiquiatria e Antipsiquiatria*, David Cooper.
77. *A Caminho da Cidade*, Eunice Ribeiro Durhan.
78. *O Escorpião Encalacrado*, Davi Arrigucci Júnior.
79. *O Caminho Crítico*, Northrop Frye.
80. *Economia Colonial*, J. R. Amaral Lapa.
81. *Falência da Crítica*, Leyla Perrone Moisés.
82. *Lazer e Cultura Popular*, Joffre Dumazedier.
83. *Os Signos e a Crítica*, Cesare Segre.
84. *Introdução à Semanálise*, Julia Kristeva.
85. *Crises da República*, Hannah Arendt.
86. *Fórmula e Fábula*, Willi Bolle.
87. *Saída, Voz e Lealdade*, Albert Hirschman.
88. *Repensando a Antropologia*, E. R. Leach.
89. *Fenomenologia e Estruturalismo*, Andrea Bonomi.
90. *Limites do Crescimento*, Donella H. Meadows e outros (Clube de Roma).
91. *Manicômios, Prisões e Conventos*, Erving Goffman.
92. *Maneirismo: O Mundo como Labirinto*, Gustav R. Hocke.
93. *Semiótica e Literatura*, Décio Pignatari.
94. *Cozinhas, etc.*, Carlos A. C. Lemos.
95. *As Religiões dos Oprimidos*, Vittorio Lanternari.
96. *Os Três Estabelecimentos Humanos*, Le Corbusier.
97. *As Palavras sob as Palavras*, Jean Starobinski.
98. *Introdução à Literatura Fantástica*, Tzvetan Todorov.
99. *Significado nas Artes Visuais*, Erwin Panofsky.
100. *Vila Rica*, Sylvio de Vasconcellos.
101. *Tributação Indireta nas Economias em Desenvolvimento*, J. F. Due.
102. *Metáfora e Montagem*, Modesto Carone.
103. *Repertório*, Michel Butor.
104. *Valise de Cronópio*, Julio Cortázar.
105. *A Metáfora Crítica*, João Alexandre Barbosa.
106. *Mundo, Homem, Arte em Crise*, Mário Pedrosa.
107. *Ensaios Críticos e Filosóficos*, Ramón Xirau.
108. *Do Brasil à América*, Frédéric Mauro.
109. *O Jazz, do Rag ao Rock*, Joachim E. Berendt.
110. *Etc..., Etc..., (Um Livro 100% Brasileiro)*, Blaise Cendrars.
111. *Território da Arquitetura*, Vittorio Gregotti.
112. *A Crise Mundial da Educação*, Philip H. Coombs.
113. *Teoria e Projeto na Primeira Era da Máquina*, Reyner Banham.
114. *O Substantivo e o Adjetivo*, Jorge Wilheim.
115. *A Estrutura das Revoluções Científicas*, Thomas S. Kuhn.
116. *A Bela Época do Cinema Brasileiro*, Vicente de Paula Araújo.
117. *Crise Regional e Planejamento*, Amélia Cohn.
118. *O Sistema Político Brasileiro*, Celso Lafer.
119. *Êxtase Religioso*, I. Lewis.
120. *Pureza e Perigo*, Mary Douglas.

121. *História, Corpo do Tempo*, José Honório Rodrigues.
122. *Escrito sobre um Corpo*, Severo Sarduy.
123. *Linguagem e Cinema*, Christian Metz.
124. *O Discurso Engenhoso*, Antonio José Saraiva.
125. *Psicanalisar*, Serge Leclaire.
126. *Magistrados e Feiticeiros na França do Século XVII*, R. Mandrou.
127. *O Teatro e sua Realidade*, Bernard Dort.
128. *A Cabala e seu Simbolismo*, Gershom G. Scholem.
129. *Sintaxe e Semântica na Gramática Transformacional*, A. Bonomi e G. Usberti.
130. *Conjunções e Disjunções*, Octavio Paz.
131. *Escritos sobre a História*, Fernand Braudel.
132. *Escritos*, Jacques Lacan.
133. *De Anita ao Museu*, Paulo Mendes de Almeida.
134. *A Operação do Texto*, Haroldo de Campos.
135. *Arquitetura, Industrialização e Desenvolvimento*, Paulo J. V. Bruna.
136. *Poesia-Experiência*, Mário Faustino.
137. *Os Novos Realistas*, Pierre Restany.
138. *Semiologia do Teatro*, J. Guinsburg e J. Teixeira Coelho Netto.
139. *Arte-Educação no Brasil*, Ana Mae T. B. Barbosa.
140. *Borges: Uma Poética da Leitura*, Emir Rodríguez Monegal.
141. *O Fim de uma Tradição*, Robert W. Shirley.
142. *Sétima Arte: Um Culto Moderno*, Ismail Xavier.
143. *A Estética do Objetivo*, Aldo Tagliaferri.
144. *A Construção do Sentido na Arquitetura*, J. Teixeira Coelho Netto.
145. *A Gramática do Decamerão*, Tzvetan Todorov.
146. *Escravidão, Reforma e Imperialismo*, R. Graham.
147. *História do Surrealismo*, M. Nadeau.
148. *Poder e Legitimidade*, José Eduardo Faria.
149. *Práxis do Cinema*, Noel Burch.
150. *As Estruturas e o Tempo*, Cesare Segre.
151. *A Poética do Silêncio*, Modesto Carone.
152. *Planejamento e Bem-Estar Social*, Henrique Rattner.
153. *Teatro Moderno*, Anatol Rosenfeld.
154. *Desenvolvimento e Construção Nacional*, S. N. Eisenstadt.
155. *Uma Literatura nos Trópicos*, Silviano Santiago.
156. *Cobra de Vidro*, Sérgio Buarque de Holanda.
157. *Testando o Leviathan*, Antonia Fernanda Pacca de Almeida Wright.
158. *Do Diálogo e do Dialógico*, Martin Buber.
159. *Ensaios Lingüísticos*, Louis Hjelmslev.
160. *O Realismo Maravilhoso*, Irlemar Chiampi.
161. *Tentativas de Mitologia*, Sérgio Buarque de Holanda.
162. *Semiótica Russa*, Boris Schnaiderman.
163. *Salões, Circos e Cinema de São Paulo*, Vicente de Paula Araújo.
164. *Sociologia Empírica do Lazer*, Joffre Dumazedier.
165. *Física e Filosofia*, Mário Bunge.
166. *O Teatro Ontem e Hoje*, Célia Berrettini.
167. *O Futurismo Italiano: Manifestos*, Org. Aurora Fornoni Bernardini.

168. *Semiótica, Informação e Comunicação*, J. Teixeira Coelho Netto.
169. *Lacan: Operadores da Leitura*, Américo Vallejo.
170. *Africana à Investida do Colonialismo Português em Angola, 1482-1663*, Roy A. Glasgow.